attribué au M.is de Galliffet

✱ K 333.⁽²¹⁶⁾
Bg.

SOUVENIRS DE VOYAGES.

SOUVENIRS
DE
VOYAGES

PROMENADE EN ITALIE

1845

PAR L'AUTEUR DE L'ANCIENNE PROVENCE ET DE DIVERS SOUVENIRS DE VOYAGES,
MEMBRE CORRESPONDANT DE PLUSIEURS ACADÉMIES.

PARIS

IMPRIMERIE H. SIMON DAUTREVILLE ET C*°*;
RUE NEUVE-DES-BONS-ENFANTS, 3.

1851

SOUVENIRS
DE VOYAGES.

PROMENADE EN ITALIE.

LETTRE PREMIÈRE.

On a tant écrit sur l'Italie !

Chacun a tellement fait part à ses amis et au public de ses impressions véritables ou poétisées ! Pourquoi voulez-vous que j'écrive encore ? Chaque itinéraire vous en dira plus et mieux que je ne pourrais le faire ; et, parmi ceux-ci, je me plais à vous recommander la dernière édition d'Artaria, dont je ne saurais assez proclamer le mérite.

Mais, malgré tout, vous voulez que j'écrive ! Ce

sont mes souvenirs dont vous désirez faire usage pour vous guider dans vos prochaines pérégrinations ; vous avez foi dans l'exactitude de mes récits, et vous daignez m'accorder une franchise peu commune parmi les narrateurs.

Que ma soumission à vos volontés serve d'excuse à mon insuffisance, et que votre indulgence aide à m'absoudre aux yeux de ceux qui chercheront à me critiquer !

Nous nous sommes embarqués à Marseille le 19 octobre, sur le *Montgibello*, le plus beau et le meilleur des bateaux qui font le service de la mer Méditerranée. Notre caravane se composait de cinq dames, un enfant, deux femmes de chambre, un domestique, un chien, qui, peu de temps après, devait avoir un compagnon, et moi ; plus, vingt-deux paquets, dont le moindre avait le volume d'une malle ordinaire.

C'était, sans y mettre aucune malice, beaucoup de paquets et de femmes !

Gênes. Le lendemain, nous étions à Gênes par le plus beau temps. Je vous en ai parlé déjà. Je me bornerai donc à vous dire que S. M. l'empereur Nicolas y était arrivé la veille et devait en repartir le lendemain ainsi que l'impératrice, et la grande-duchesse Olga, qui pourrait n'être pas la fille d'un autocrate, sans cesser de paraître la plus belle, la plus gracieuse, la plus charmante personne que j'aie rencontrée.

J'exprimais, je l'avoue, des regrets au sujet d'une alliance que la politique et les convenances s'accordaient à faire désirer, et à laquelle des scrupules de conscience exagérés avaient seuls mis obstacle.

C'était renoncer à l'espérance et braver la Providence, qui semblait venir en aide à un prince exilé, victime innocente des fautes qu'il n'avait pu commettre.

Ces regrets s'effacent aujourd'hui, en présence d'une autre alliance qui promet d'heureux jours à Henry de France, en dépit de ceux qui ont voulu s'y opposer.

Cette rencontre était une véritable bonne fortune !

L'empereur n'était attendu que plus tard. A sept heures, il se présentait en redingote et en casquette chez le roi, et demandait à l'aide-de-camp de service à être introduit dans sa chambre à coucher. Celui-ci, fort surpris de cet air *sans façon*, le fut bien davantage encore, lorsque le monarque, en réponse, lui déclinait ses qualités et recevait ses excuses de fort bonne grâce, en le chargeant de dire au roi son maître qu'il venait lui annoncer son arrivée et qu'il repasserait plus tard.

Le soir, les souverains devaient se montrer au théâtre ; les loges étaient louées 150 et 200 francs, prix énorme en Italie ; mais ce fut en pure perte. A huit heures, le rideau se leva en leur absence, et chacun en fut pour sa toilette, pour son argent, et pour son désappointement.

Il eût été si facile de contenter tout un public d'élite par une courte apparition !

Les monarques ont manqué de procédés ce jour-là.

Le lendemain, le pyroscaphe qui devait transporter à Palerme la famille royale, et celui qui lui servait d'escorte, chauffaient dès le matin au milieu du port ; tous les navires étaient pavoisés, la garnison couvrait le môle, la foule encombrait le port et la terrasse.

Mieux avisés, nous nous étions placés dans une barque, et, tandis que le public était encore désappointé, le royal cortége au lieu de s'embarquer au port partant directement du palais pour se rendre à bord, nous nous trouvions auprès du pyroscaphe ; sous le feu des batteries de mer et de terre qui se répondaient alternativement, nous voyions embarquer la famille impériale, nous assistions aux adieux du roi venu pour la reconduire et la suivant, ainsi que son cortége, en se faisant de mutuels saluts, les princesses à l'aide de leurs mouchoirs, les souverains en agitant leurs chapeaux.

Le port, la rade, les belles montagnes, les riches palais, éclairés par un soleil d'Italie, servaient de cadre à ce tableau ; les salves qui se succédaient, les matelots couvrant les vergues des vaisseaux ébranlés par les détonations en poussant des hurrahs, les nappes de feu, les nuages de fumée, le bruit des musiques militaires, les clameurs de la foule, l'odeur de la poudre, tout était enivrant.

Jamais je n'ai vu un plus imposant spectacle ! — Peu de moments après, les pyroscaphes disparaissaient à l'horizon, la foule s'écoulait, tout rentrait dans l'ordre, et nous nous préparions à repartir, après avoir rendu, *à l'Albergo degli poveri*, un nouvel hommage au bas-relief de Michel-Ange, que rien, selon moi, ne saurait égaler.

LETTRE II.

En outre des têtes couronnées dont je vous ai

déjà parlé, se trouvaient à Gênes des princes détrônés, dont le sort était bien moins brillant. Le roi don Carlos venait s'y délasser de sa cruelle captivité de Bourges, où il avait laissé son fils aîné pour otage, après lui avoir cédé ses droits à la couronne en le rendant ainsi victime d'une nouvelle iniquité.

La retraite de don Carlos, alors qu'il se trouvait aux portes de Madrid, où un lieutenant aventureux à la tête de quelques hommes semblait vouloir lui servir de guide, et où il allait ressaisir sa couronne, ne saurait s'expliquer que par l'incurie de ses conseillers, la faiblesse de son caractère, ou quelques-uns de ces ressorts que la diplomatie fait jouer dans les grandes circonstances : de ce jour-là, sa cause fut perdue. Toutefois il ne devait pas s'attendre, alors qu'il n'était pas en guerre avec nous, à avoir la ville de Bourges pour prison et son royal cousin pour geôlier. Celui-ci voulait détruire le principe de la légitimité qu'il avait si peu respecté lui-même, et, en politique, les plus grands crimes n'ont souvent besoin que d'une excuse !

Mais comment justifier la pénurie dans laquelle on l'avait laissé, en lui donnant 100,000 francs pour sa famille, sa maison, les gens attachés à sa personne et les nombreux secours réclamés par ceux qui avaient tout perdu en se dévouant à sa cause?

Au moins fallait-il dorer ses chaînes pour les faire paraître plus légères.

Don Carlos et la reine vivaient à Gênes comme de simples particuliers. Ses deux plus jeunes fils étaient entrés au service de Sardaigne dont ils portaient élégamment l'uniforme. L'aîné, surtout, se faisait remarquer par sa bonne mine.

Don Miguel s'y trouvait aussi. Parti de Rome pour faire une visite à ses augustes parents, il y retournait par le *Montgibello* pour y reprendre un genre de vie plus conforme à ses goûts qu'à sa position sociale. Nous eûmes le temps de le voir pendant le reste de la traversée. Ses cousins l'avaient conduit à bord et ne le quittèrent qu'au moment du départ.

Cette seconde partie de notre navigation devait être moins agréable : cent cinquante nouveaux voyageurs, sept voitures de supplément, encombraient le navire, et, si le beau temps n'eût pas engagé le plus grand nombre des passagers à demeurer sur le pont, la nuit eût paru longue.

Un bal improvisé, du punch plus énergique, quelques scènes d'intérieur, où des dames souffrantes recevaient les soins empressés de quelques voyageurs, qu'elles s'étonnaient en ouvrant les yeux de ne pas connaître ; quelques scènes plus ou moins pathétiques nous firent passer le temps jusqu'à cinq heures où nous entrions dans le port de Livourne. A huit heures seulement nous pouvions débarquer, tant les formalités de l'intendance sanitaire entraînent de lenteurs et d'ennuis.

Alors a eu lieu une scène de confusion ! Chacun cherchait ses bagages jetés pêle-mêle à fond de cale ; chacun réclamait son passeport sans lequel il ne pouvait débarquer. Le capitaine, perdant la tête, n'a rien trouvé de mieux à faire que de se réfugier à terre, et, pour mon compte, je maudissais les vingt-deux paquets qu'il me fallait réunir d'autant plus péniblement, qu'embarqués des premiers, ils devaient être les plus éloignés.

Gardez-vous, pour le repos de celui auquel vous permettrez de vous accompagner, et pour votre propre satisfaction, d'un pareil luxe d'accessoires.

Livourne.

La police de Livourne, émue par les plaintes des voyageurs sur les exigences des bateliers, a pris une singulière mesure. Elle a établi un tarif jusqu'à la douane ; mais, comme celle-ci est au milieu du port, vous demeurez livré à leur merci, et ils vous rançonnent à leur gré pour vous conduire au quai. Là, c'est le tour des portefaix, et ils en usent largement. Je comprends ce voyageur, qui, ennuyé de ces formalités et sachant que ce n'était qu'un prélude, fit reporter ses bagages à bord, et, continuant sa route jusqu'à Palerme, revint à Marseille sans avoir quitté le bateau et sans avoir vu autre chose de l'Italie.

Livourne prend chaque année un nouvel accroissement dû à la franchise de son port et à sa position commerciale. Ses murs d'enceinte devenus gênants, ont été renversés et remplacés par de belles rues.

La statue de Ferdinand de Médicis est son unique monument, et encore faut-il ne s'occuper que des quatre esclaves enchaînés aux pieds du souverain. La rue qui mène de la place du Dôme au port est la plus belle et la plus riche à cause des magasins de toute sorte qui se suivent de chaque côté. Parmi ceux-ci, Arbib le juif offre un choix d'étoffes orientales auquel il est bien difficile de résister.

La Synagogue, fort renommée, mérite d'être vue; il est à regretter seulement que l'entrée en soit ignoble. Le cimetière des Russes est bien; mais celui des Anglais est encore plus remarquable par le nombre, la richesse et l'encombrement de ses monuments qui se nuisent réciproquement.

Si les morts retrouvaient la faculté de se mouvoir, ils ne pourraient en jouir à leur aise.

Après avoir visité la Maison des eaux, réservoir destiné à abreuver d'une manière insuffisante Livourne, avant qu'un aquéduc, bienfait du souverain, vînt y porter de loin des eaux claires et abondantes, et les Lazarets, trop vantés selon moi, nous n'avions rien de mieux à faire que de nous rendre à Pise par la *strada ferrata* qui, sous peu, dépassera Pontadera pour arriver jusqu'à Florence.

LETTRE III.

Pise, le...

Pise.

Pise avait pour moi l'attrait des souvenirs ; j'y avais passé ma plus tendre enfance au temps de la première émigration, et rien n'était changé, — si ce n'était moi et mes contemporains. — Cet ancien port, déshérité par le retrait de la mer et par la prospérité de Livourne, n'a plus d'autre célébrité que celle de ses monuments et de sa douce température favorable aux malades. — Heureux sont ceux qui n'y vont que pour ses monuments.

L'Arno partage majestueusement la ville. Des trois ponts qui le traversent, celui de marbre est le seul dont on puisse parler. Les quais sont bordés de palais souvent déserts, toujours fermés, et qui ne brillent de tout leur éclat que lors de l'*illuminara* de *san Ranieri*, patron de la ville, et pour lequel elle se met en frais — une fois tous les trois ans.

L'architecture variée de ces beaux édifices, — parmi lesquels le palais Lanfranchi et celui de Lanfreducci doivent tenir le premier rang, — dessinée en feux de couleur et reflétée par les eaux du fleuve, forme un admirable coup d'œil et attire encore les étrangers.

Pise est bien bâtie, ses rues sont larges, celle du Borgo sombre et sale.

L'église de Saint-Étienne est sur la place dite des Chevaliers, qui contient en même temps une fontaine baignant les pieds de la statue de Côme de Médicis, et le palais de l'ordre chevaleresque et religieux; aux voûtes sont appendus des drapeaux pris sur les Turcs lors des Croisades, par les valeureux chevaliers de cet ordre. Ceux qui leur ont succédé, glorieux de ces antiques trophées, se reposent depuis lors des fatigues de leurs aïeux, et n'ont rien fait pour les imiter.

La place dite du Dôme n'en est pas éloignée; on laisse, à droite, l'emplacement de la tour d'Ugolin, occupé maintenant par le Palais-de-Justice, où les juges sont moins cruels et dont les victimes n'ont pas un interprète tel que le Dante pour transmettre leurs plaintes à la postérité.

Les quatre monuments apparaissent à peu près sur le même plan. Leur véritable point de vue se trouve à l'autre extrémité.

Tour penchée. Le Campanile, ou *Tour penchée*, est le premier à droite. On ne saurait comprendre que les maisons qui l'avoisinent soient habitées : c'est une épée de Damoclès, bien autrement terrible, qui semble, à chaque instant, devoir les écraser.

Cette tour élégante, composée de sept rangs de colonnes superposées, a été bâtie à deux époques bien distinctes : les amateurs du merveilleux ont voulu y voir un tour de force de l'architecte, qui lui aurait donné à dessein cette inclinaison, pour rétablir ensuite avec bonheur l'équilibre dans l'autre sens ; il est plus probable que le sol s'étant affaissé et étant parvenu à un point résistible sur lequel les années n'avaient rien opéré, l'homme de génie chargé de cet édifice, avait profité de cette circonstance pour continuer son œuvre et la rendre unique dans son genre. Ce Campanile est tout en marbre et semble défier les siècles à venir.

Cette inclinaison, qui s'arrête au centre, n'a pas moins de treize pieds.

On monte à la galerie supérieure par un escalier assez doux qui donne issue sur chaque rang de la colonnade; la vue y est aussi étendue que variée, et sept cloches, dont trois surtout d'une grande dimension, servent à porter au loin l'annonce des solennités consacrées par l'Église.

L'*Alleluia* des jours saints les met toutes en branle en même temps.

Le Dôme, qui vient après, et dont le Campanile n'est que l'accessoire, est un monument grandiose, tout revêtu de marbres précieux, et où l'on pénètre par trois portes en bronze dues au dessin d'un grand maître, et exécutées par ses premiers élèves. Celle du milieu est la plus remarquable; les cinq nefs intérieures sont divisées par des colonnes; la voûte du centre est riche et fort élevée; les autels des nefs, sur lesquels figurent de bons tableaux, sont séparés par d'autres tableaux qui ne sont pas à dédaigner. San Ranieri, patron de Pise,

Il Duomo.

repose dans une des chapelles latérales de la croix, et le maître-autel éclairé par une gloire, est riche de pierreries et plus renommé encore, grâce à un crucifix dû à Jean de Bologne, qui ne saurait avoir de pareil.

Il Baptisterio. Après avoir traversé la pelouse qui entoure les quatre monuments, on arrive au Baptistaire en rotonde, incrusté de marbre, d'une forme élégante, dans lequel se trouve une chaire en marbre du travail le plus fini, découpée en dentelle dont la transparence laisse voir la clarté du jour. L'effet d'acoustique signalé par le custode, appartient à presque tous les monuments circulaires. La cuve est au centre, et des autels se trouvent placés entre les quatre portes qui font face aux quatre points cardinaux.

Nous avions été assaillis, jusque-là, par des vagabonds et des mendiants dont nous espérions être délivrés à l'aide de quelques aumônes; mais la traversée du Baptistère *al Campo-Santo* a déjoué tous nos calculs. Le nombre en était décuplé; ceux qui avaient déjà reçu s'étaient fait un cortége de nouveaux quémandeurs qu'ils avaient prévenus, et les uns étaient aussi acharnés après nous que les autres.

Cette canaille mendiante est une plaie de l'Italie ! Le gouvernement croit d'une sage économie de charger les étrangers de l'entretien de ses pauvres ; il finira par les guérir d'une curiosité satisfaite au prix de semblables obsessions.

Les douanes, les passeports, la police, les portefaix, les aubergistes, les mendiants, épuiseraient la patience d'un saint et la bourse d'un millionnaire.

Ce Campo-Santo, ou cimetière, est le dernier des quatre monuments : le centre contient la terre sainte rapportée de Jérusalem, dont la puissance absorbante s'exerçait en vingt-quatre heures ; les quatre côtés sont formés par d'élégantes arcades et des galeries autour desquelles sont rangés symétriquement des fragments antiques, des tombes modernes, et quelques morceaux de sculpture ; les murs sont recouverts de fresques plus ou moins conservées, parmi lesquelles *le triomphe de la Mort*, attribué au peintre Argagna, frappe l'imagination par ses détails inattendus. Il faudrait bien du temps pour décrire ces bas-reliefs et toutes ces fresques ; ne pouvant y consacrer que quelques heures, je me bornerai à vous apprendre que les grilles du Campo-Santo s'ouvrent encore pour certaines célé-

Il Campo-Santo.

brités modernes, qui y sont déposées après leur mort, par un décret ducal.

Les autres églises de Pise, sauf celle de Santa-Maria-della-Spina, ne méritent pas une mention ; celle-ci, qui passerait plutôt pour une chapelle, est appendue au bord de l'Arno, et rappelle ce que le genre gothique a produit de plus élégant.

Un beau quinconce sur la place Sainte-Catherine, au centre de laquelle se trouve une récente statue érigée à Léopold Ier, termine la ville au Nord, et sert de promenade à ceux auxquels leurs souffrances ne sauraient permettre de lointaines excursions.

Au nombre de ceux-ci se trouvait Méhémet-Ali, qui venait y chercher la santé et le repos. Le docteur Lallemand, mandé de Montpellier, devait lui consacrer son temps et son rare talent; il les avait évalués à 50,000 francs, plus ses frais de voyage. Plus tard, lorsque le prince voulut s'acquitter envers lui, celui-ci renvoya la somme convenue en réclamant le triple pour prix de son succès.

Si vous n'avez pas vu Méhémet à Paris, je vous dirai qu'il est petit, trapu, qu'il a le regard perçant et les yeux fourbes; que sa conversation par interprète, est spirituelle, piquante, profonde au besoin, et que le sexe qui compose son sérail inspire le dégoût!

LETTRE IV.

Pise, le.....

Nous sommes sortis par la porte qui touche à la place du Dôme, pour voir ce que les érudits appellent la ferme de San-Rossore, et ce que le vulgaire désigne sous le nom de Cascine (laiterie); une longue avenue y conduit : de larges fossés servent pendant l'été à l'irrigation des vastes prairies qui les bordent, et l'hiver à l'écoulement des eaux surabondantes; de nombreux troupeaux de vaches y trouvent de gras pâturages, et animent le paysage en attendant que leur lait fournisse ces fromages qui ont la prétention d'imiter le Parmesan et forment un des principaux revenus de cette ferme. Le bâtiment de chasse est vaste et élégant; des pins servent à son ornement et à mettre à l'abri le troupeau de chameaux qui se perpétue depuis les Croisades, et des chevaux sauvages qui ne sont pas sans mérite. Ma jeune fille a eu le plaisir d'exercer son talent en équitation sur le dos d'un bossu quadrupède, et s'il n'a pas témoigné beaucoup de sympathie pour cette faveur qu'il recevait à genoux et dont il n'appréciait pas tout le mérite, il s'est borné à exprimer son peu de goût pour ce surcroît de travail, par un beuglement plus expressif qu'agréable.

La ferme principale est à une assez grande distance de la maison de chasse : toujours un quadruple rang d'arbres, toujours des prés et des bouquets de pins, toujours les plus agréables points de vue ; mais l'art de faire le beurre est dans l'enfance chez le grand-duc. La moindre fermière de Normandie en remontrerait à tous ses professeurs.

Ces Cascines font partie des Maremmes, qui se prolongent, et dont les eaux s'écoulent lentement dans les Marais-Pontins.

La sollicitude du grand-duc travaille à les rendre fertiles à l'aide de pénibles travaux, et ces contrées jusqu'alors désertes, devront la vie et la prospérité à la voie ferrée qui, reliant Rome à Florence, ne saurait suivre un autre parcours.

Nous sommes revenus par le chemin opposé à celui que nous avions pris, en traversant des champs fertiles, entourés d'arbres destinés à soutenir les festons de vigne si pittoresques et si productifs en Italie.

La Chartreuse attire encore quelques curieux.

Les antiques Thermes de Saint-Jullien sont en

oubli malgré leur précédente célébrité. La mode y a substitué ceux d'Agnano, Rigaccio et Asciaro, et, comme il arrive trop souvent de nos jours, cette reine du monde civilisé s'est trompée dans ses choix. Là encore le passé était préférable au présent !

Cette boutade vous prouvera que je ne suis plus jeune, excepté par le cœur quand il s'agit de vous aimer.

LETTRE V.

Florence, le.....

Nous avons suivi plus ou moins le cours de l'Arno pour nous rendre à Florence. On ne saurait compter au juste les distances en Italie par le nombre des postes; on paye le même prix à chaque station : elles varient de sept à douze milles ; tant mieux pour les chevaux quand elles sont plus rapprochées, et, par conséquent, tant pis pour la bourse des voyageurs.

La campagne est fertile; les terres bien cultivées produisent au moins une fois l'an ; les arbres destinés à supporter les vignes sont plus nombreux qu'ils ne sont élevés. L'irrigation bien entendue augmente la prospérité de ces belles contrées; à droite et à gauche, les montagnes sont couvertes d'oliviers et couronnées par des couvents, ou par des ruines que nul ne songe à réparer et qui n'en sont que plus pittoresques ; — Pontadera partage le trajet.

Ainsi que je vous l'ai déjà dit, c'est là que s'arrête la *strada ferrata*, en attendant les fonds qui doivent la conduire au but ; il en résulte un grand mouvement de voyageurs et de voitures venant de Florence ou devant y retourner. Ce bourg est, d'ailleurs, industriel et considérable.

Entre Castel-del-Bosco et la Scala, nous avons traversé San-Romano, San-Miniato, Castel-Franco, Santa-Croce, et Fucacchio, qui nous ont offert des ruines, des points de vue, et surtout nombre de femmes plus ou moins jolies, tressant des nattes de paille destinées à faire ces chapeaux sans pareils et dont votre élégance s'accommode si bien ; c'est l'unique occupation des femmes dans presque toute la Toscane, et leur vogue en a progressivement augmenté le prix.

Depuis Empoli, — avant Ambrogiano où le grand-duc a une résidence, — et de là jusqu'à Florence, la route encaisse la rive gauche de l'Arno et est bordée à sa droite par de charmantes habitations placées en amphithéâtre sur des collines boisées, qui encadrent de ce côté la vaste plaine au centre de laquelle apparaît Florence la Belle, avec l'Arno, ses palais, ses riches églises, ses galeries sans rivales, son palais Pitti où ne se trouvent que des chefs-d'œuvre ; ses jolies femmes, ses hommes généralement beaux, ses Cascines, — bois de Boulogne en miniature, — et une société étrangère qui se charge de faire les honneurs de la ville, et dont les mœurs et les coutumes ont fréquemment exercé la critique, sans pour cela que la critique ait eu grand tort.

Si j'avais le malheur de régner quelque part, ce serait la Toscane que je voudrais gouverner, Florence que je choisirais pour capitale, et la célébrité du grand-duc actuel que j'ambitionnerais! Jamais prince ne fut plus paternel ; jamais l'amour d'un peuple ne fut plus unanime !

Je ne prétends vous parler ni des dissensions survenues entre les Guelphes et les Gibelins, ni de celles plus tardives entre les Pazzi et ces riches marchands parvenus au trône, qui firent de Florence la patrie des beaux-arts, et qui donnèrent des souveraines même à la France ; ni des circonstances qui ont, vers 1750, transmis le pouvoir à la maison de Lorraine : ceci est du domaine de l'histoire, et je m'abstiens, à juste titre, de tout ce qui pourrait donner une apparence sérieuse ou savante à mes récits légers, qui n'ont d'autre but que celui de vous plaire. Je me borne donc à vous dire, que le grand-duc régnant vit comme un père au milieu de ses sujets, consacre ses loisirs et ses revenus à leur bien-être, accueille avec courtoisie les étrangers de distinction et les artistes, leur ouvre chaque jour les trésors de son palais Pitti et de ses galeries, et est secondé par des agents qui, d'après ses ordres, sont gracieux et accueillants pour tous.

Le ciel de la Toscane est propice au génie; je ne sais si je ne préférerais pas les rives de l'Arno et les chefs-d'œuvre réunis à Florence, au ciel brûlant de Naples, à l'aride campagne de Rome, et même aux palais nombreux, y compris le Vatican, où les merveilles se confondent avec des œuvres médiocres, parmi lesquelles le vulgaire ignorant comme moi hésite parfois à prononcer.

Attendez pour m'absoudre de ce qui vous paraîtra peut-être une hérésie : que diriez-vous s'il vous arrivait de la partager à votre tour?

Nous avons eu de la peine à pénétrer dans Florence, à cause de l'encombrement de voitures de toutes sortes qui se pressaient auprès de la seule issue par laquelle il faut entrer et sortir de ce côté; des lenteurs des employés de l'octroi, et des formalités de la police pour les passeports étrangers. Il n'a pas été facile ensuite de nous loger confortablement; cependant j'ai pu faire un arrangement assez raisonnable à l'hôtel du Nord, *piazza della Trinita,* près du pont de marbre, et dans un beau quartier.

Le lendemain, c'était dimanche, et toute la société élégante était attirée aux Cascines par l'annonce d'une course de chevaux, résultant d'un pari tenu par une Mme Lambert, Anglaise pur sang des temps passés et n'ayant pas subi les métamorphoses qui ont valu tant de succès à la plupart de ses compatriotes.

Son costume et sa tournure à cheval étaient également burlesques.

. Le grand-duc, invité par elle, se fit poliment excuser et sa tribune demeura vide. L'hippodrome ne permet pas un grand développement, aussi les courses n'eurent-elles d'autre intérêt que celui du local, du nombre d'équipages, et des jolies femmes qui se pressaient dans leurs voitures ou sur les banquettes des tribunes réservées au public.

Nous avions laissé nos véhicules à l'autre extrémité du cirque. Une calèche se trouvait vide et parfaitement placée; l'homme chargé de la garder m'ayant affirmé que les personnes qui l'avaient envoyée le matin renonçaient à en faire usage, je traitai avec lui pour y placer ces dames, et deux piastres furent le prix convenu entre nous. Mais, au moment de la course, un grand chasseur moscovite ou tartare vint nous en disputer la possession en faveur du prince *** son maître et de sa famille. L'homme avait disparu avec son double salaire, et sans un assaut de politesse qui se termina heureusement en notre faveur, j'aurais été la dupe d'une filouterie *florentine* dont on m'assurait, pour me consoler, que je n'étais pas le premier exemple. Souvenez-vous en dans l'occasion!

Nous avions rencontré plusieurs personnes de connaissance, entre autres le comte et la comtesse H. de L. R. F., qui nous ont rendu le séjour de Florence fort agréable, par suite de leur gracieux accueil, et notre journée s'est terminée par des courses extérieures; car rien n'est ouvert le dimanche en Italie, pas même les églises, qui se ferment, les jours saints comme les autres, avant midi pour ne s'ouvrir qu'après trois heures, et privent par ce moyen les curieux du moment le plus propice pour admirer les tableaux et les richesses qu'elles renferment.

LETTRE VI.

Florence, le.....

La première chose, quand on veut économiser son temps et bien voir en voyage, est de se procurer un bon *domestico di piazza;* il signor Domenico était un type rare dans ce genre. Chaque matin, à huit heures, il venait nous annoncer la voiture, et il avait rêvé la nuit à ce qu'il nous montrerait le lendemain en suivant une nouvelle direction, et en multipliant nos jouissances par le soin qu'il mettait à les varier. Suivez cette méthode; nous nous en sommes constamment bien trouvés. On se blase à la longue en allant d'une église à l'autre ou en ne parcourant que des galeries, des monuments et des ateliers; les yeux se fatiguent à admirer toujours les mêmes choses, et les chefs-d'œuvre n'ont plus de prix par suite de la satiété. J'avais prescrit à Domenico de nous montrer indifféremment tout ce qui se rencontrerait sur la route que nous allions prendre. Nous terminions nos matinées par quelques courses dans la campagne qui avaient toujours un but intéressant, et nous rentrions, sans fatigue et sans ennuis, fort désireux de recommencer le jour suivant.

Je suivrai, si vous le permettez, cet ordre, ou plutôt ce désordre, dans le récit que je vais en faire.

Eglise Sainte-Croix. Nous avons débuté par l'église de Santa-Croce. Là se trouve le tombeau de Michel-Ange, auquel les trois génies, de la peinture, de la sculpture et de l'architecture rendent hommage en pleurant sa mémoire. Le tombeau du Dante, par Bachri suivant les uns, par Rici suivant d'autres, est aussi vanté, mais ne saurait valoir le précédent. Canova a célébré Alfieri, et l'astucieux Machiavel repose sous un marbre dont la Politique forme le principal bas-relief. Le portrait du légiste n'y figure que comme un accessoire. Un mausolée riche d'ornements, est, nous dit-on, dédié à la mémoire de Leonardo Bruni.

Plus loin est le tombeau de la comtesse d'Albany, érigé par la reconnaissance du peintre Fabre, qu'elle s'était attachée par les liens les plus chers, et qui s'est fait honneur de ses richesses en dotant Montpellier, sa ville natale, de sa précieuse galerie.

Un beau bas-relief du Christ mourant, décore la

chapelle appartenant aux Médicis avant l'époque de leur puissance, et auprès, pour servir d'exemple à l'instabilité des grandeurs de ce monde, la chapelle destinée par Joseph Bonaparte, depuis sa chute, à sa famille, et qui a déjà rempli son lugubre emploi.

La plus remarquable est, sans contredit, celle des Nicolini, toute revêtue en marbres précieux, et dont les bas-reliefs surmontant deux sarcophages, sont d'une rare perfection; ensuite le tombeau de Galilée, sans compter de belles toiles, la plupart mal éclairées, une chaire en marbre sculpté dont les sujets sont traités par un grand maître, et, dans le cloître, parmi nombre de bas-reliefs incrustés dans ses murs, la chapelle des Pazzi, ancien tribunal de l'Inquisition.

Les seuls êtres vivants que nous ayons rencontrés pendant notre tournée, sont, le sacristain, qui se trouvait là pour notre argent, et un superbe chat portant le nom de l'église sur son collier et faisant honneur à ceux chargés de le nourrir. C'est un usage assez fréquent dans les églises de Florence, et une prudente mais cruelle mutilation, répond de leurs mœurs au public.

La statue de Pierre de Médicis, fondue en bronze

avec les canons qu'il avait enlevés aux Turcs, décore la place élégante qui précède l'église de l'Annunziata. A gauche, en entrant dans le cloître, sont des fresques dues à Andrea del Sarto, dignes de sa renommée, et parmi lesquelles on montre la *Madona del sacco*, ainsi nommée à cause du prix modique payé à son auteur; en face, d'autres fresques sont attribuées à Jacques Roscello ; plusieurs ont été mutilées. On prétend qu'une des conditions expresses imposées par le peintre, était que personne ne verrait son ouvrage avant qu'il ne fût terminé. Ayant surpris les moines en flagrant délit, il se mit dans une telle colère qu'il voulut anéantir ce qui était déjà fait, et s'il fut arrêté à grand'peine dans cet acte de vandalisme, rien ne put le contraindre à terminer son travail.

L'intérieur de l'Annunziata est d'une grande magnificence. Ses murs sont entièrement revêtus de marbres variés; le plafond de la voûte est orné de peintures placées dans de riches caissons; le chœur, en rotonde, entourait un maître-autel en argent massif dû, dit-on, à Benvenuto Cellini, et dont le travail donnait dix fois plus de prix à la matière. Ce trésor artistique, sauf la gloire qui est restée, a été transformé en écus français au temps des généraux Miollis et Salicetti, et il est moins certain que ce fut au profit de la République une et indivisible. Les autels latéraux sont riches. Le tombeau de Jean de Bologne, érigé *de son vivant*, montre des bas-reliefs en bronze devenus inimitables. Les trésors renfermés dans la chapelle Ferronio se composent d'un crucifix, d'immenses candélabres, d'anges en argent massif, d'une corniche et d'une infinité de lampes et d'ornements de la même matière. Le surplus est en rapport avec cette magnificence.

La chapelle privilégiée est bien plus riche encore, mais je préférerais qu'elle fût ailleurs; placée à l'entrée de la grande nef, à gauche et contre la porte principale, elle nuit à l'effet. Les grandes lignes en architecture ne sauraient être interverties sans faire tort à la symétrie qui est déjà un grand mérite pour un monument.

Cette chapelle, tout en argent élégamment ciselé, et renfermant toutes les indulgences, était tellement en vénération parmi le peuple de Florence, que les mutilateurs n'ont pas osé lui faire subir le sort du maître-autel. Il est incontestable qu'elle a été *privilégiée*, au moins sous ce rapport.

Le cloître intérieur est orné de fresques et renferme plusieurs tombes où sont ensevelies des célébrités de diverses époques, ainsi soustraites à l'oubli.

Eglise Saint-Marc. Après vous avoir montré, dans l'église de Saint-Marc, la chapelle de Saint-Antoine, la Cène attribuée à Sacconi, la chapelle dei Salviati admirable de magnificence et de bon goût, le tombeau de Pic de la Mirandole, quelques bronzes, des statues saintes et de rares manuscrits, je vous laisserai en repos et tâcherai désormais d'aller plus vite, malgré que je laisse à dessein bien des choses à vous dire.

LETTRE VII.

Florence, le.....

Nous étions auprès de l'atelier de Pampaloni, sculpteur renommé à Florence et auteur de plusieurs gracieux sujets, souvent copiés, et que l'on aime à retrouver dans quelques galeries. Le moderne devait nous reposer de l'antique, et l'accueil du professeur — *nel suo studio* — donnait du prix à ce qu'il y montrait. Une Madeleine pleurant et priant pourrait être vantée même après celle de Canova; un enfant qui prie, un autre tenant une colombe, sont de la plus gracieuse ingénuité; un bas-relief de grandeur naturelle, destiné à recouvrir un sarcophage ; un autre représentant Louis Bonaparte ; un charmant buste de la comtesse Sweloska dont nous pouvions apprécier la ressemblance, et nombre d'autres travaux commencés par lui ou confiés à ses élèves, nous ont retenu assez longtemps. Parmi ces derniers se trouvait une parfaite imitation du Christ mourant de Michel-Ange, que j'aimais tant à voir à l'*Albergo degli poveri* de Gênes, et dont je n'ai pu m'empêcher de vous parler plus haut.

Il signor Pampaloni ne savait pas un mot de français, la plupart de ces dames ne comprenaient pas l'italien ; alors, je me suis trouvé chargé d'une négociation, dont le résultat devait être de faire *tirer en marbre* et déposer sur un moelleux coussin, l'oreille de l'une d'elles, qui y mettait une grande prétention et qui avait raison sans doute. *Il maestro* ne s'attendait pas à voir réduire son talent à de si faibles proportions ; il espérait s'en tirer à l'aide d'un prix exagéré dont il ne voulut pas démordre ; et, en ma qualité de négociateur, je fus chargé de prendre jour et heure pour un travail dont il ne sentait pas assez le mérite, surtout quant à la nouveauté. Il me répétait à chaque instant que, dans sa longue carrière, c'était la seule fois qu'il s'était prêté à une semblable fantaisie, dont, au surplus, le résultat fut fort satisfaisant — sous le rapport de l'art!

<small>Santa-Maria-Novella.</small>

A Santa-Maria-Novella, où nous avons été conduits ensuite, nous avons trouvé la première œuvre du peintre Cimabué et un tombeau de Strozzi en pierre de touche, mais, mieux encore, la célèbre pharmacie des Pères, où se confectionne l'alchermes liquido, qui me semble dégénéré ; un boudoir élégant n'est ni plus coquet ni mieux tenu dans son genre que l'apothicairerie des frères dominicains.

<small>Santa-Maria-dei-Fiori.</small>

Après avoir parcouru plusieurs rues et remarqué divers palais plus ou moins anciens, plus ou moins habités, mais tous grandioses, nous sommes arrivés sur la place du Dôme, assez grande pour donner tout son prix à la cathédrale désignée sous le nom de Santa-Maria-dei-Fiori, vaste mosaïque intérieurement et extérieurement revêtue de marbres précieux, sauf la façade qui attend encore et qui contraste par sa nudité avec le reste du monument, sa coupole élevée et sa croix élégante.

Plusieurs portes, riches par leur matière et par le fini de leur exécution, donnent entrée dans l'édifice, que l'absence de chaises, de bancs et de tous accessoires nous a fait paraître nu et froid.

Une galerie permet de parcourir la partie supérieure de la voûte et de mieux juger son étendue et le fini de son travail. Quelques tombeaux, entre autres ceux du Giotto, de Pierre Farnèse et du cardinal Corsini; quelques tableaux anciens et vantés, occupent le pourtour du dôme et la sacristie. Le custode fait preuve d'érudition ou de mémoire, en répétant, pour la dix millième fois sans doute, que ce fut en ce lieu que vint échouer la dernière conspiration des Pazzi contre les Médicis, et assurer la domination de ceux-ci sur la belle Toscane.

Le Campanile est, ainsi que celui de Pise, séparé de l'église ; sa forme est carrée, son élévation considérable, son pourtour tout en marbres disposés en riches mosaïques, ses ouvertures en doubles ogives séparées par d'élégantes colonnettes, son ensemble admirable, la vue qu'il montre aussi étendue que variée. Auprès, l'ancien temple de Mars, rotonde transformée en Baptistaire sous la dédicace de saint Jean-Baptiste ; ses trois issues sont closes par de riches portes en bronze ; une cuve incrustée de bas-reliefs est au centre ; quelques statues plus ou moins vantées, parmi lesquelles celle de saint Jean-Baptiste et les vertus théologales qui surmontent le mausolée de l'équivoque

Il Campanile.

Il Baptisterio.

pape Jean XXIII, font partie de ses ornements, des chaînes, trophées d'une victoire, et offertes en hommage à l'apôtre précurseur entourent ce monument.

Une rue nouvelle et fort belle réunit la place du Dôme à celle du Grand-Duc. C'est là que se porte le commerce élégant : c'est la rue Neuve-Vivienne de Florence ; elle doit servir d'encouragement pour les alignements à venir.

Place ducale.

En arrivant de ce côté, on voit, à gauche, *il Palazzo Vecchio*, ancienne résidence des grands-ducs, surmonté par la *Torre della vocca*, dont les statues colossales d'Hercule et de David semblent défendre l'entrée, l'une de Bandinelli, l'autre de Michel-Ange ; plus loin la Fontaine de Neptune ; au centre Côme Ier, et à l'extrémité la Loggia dei Lanzi, qui couvre de ses arcades élégantes plusieurs groupes en bronze et en marbre fort précieux.

Galerie des Médicis.

La vaste galerie entoure une cour qui s'étend depuis le palais Vieux jusqu'au bord de l'Arno ; ses arcades servent d'abri les jours de pluie ; au-dessus sont les tribunaux et les diverses administrations, plus haut les statues et les tableaux.

Avant de vous parler des principaux chefs-d'œuvre, parmi tant de choses presque toutes parfaites, permettez-moi de terminer cette lettre en exprimant un blâme ou un regret de voir réuni presqu'en entrant, dans la salle désignée sous le nom de la *Tribune,* tout ce que la galerie possède de plus parfait en peinture et en sculpture.

LETTRE VIII.

Florence, le.....

Vous devez me trouver bien téméraire, et je m'étonne moi-même d'avoir osé me permettre un blâme au sujet des merveilles que chacun se borne à admirer ; mais je ne dois compte de mes impressions qu'à vous, sans m'occuper de ce que pourraient penser les autres, — si quelques-uns voulaient me lire ! J'écris pour vous ; je laisse courir ma plume ; vous seule aurez à prononcer et je passe d'avance condamnation, pourvu toutefois que vous daigniez juger en connaissance de cause.

Eh bien ! je le répète, cette Tribune en rotonde éclairée par en haut, ces chefs-d'œuvre placés sous le jour le plus favorable, cette Vénus sans pareille, cet Apollon si gracieux, ce Faune si satyrique attribué à Praxitèle sans autre preuve que son mérite ; ce Rémouleur, dont les formes accusent si bien les perfections de l'âge mûr ; ces Lutteurs, des-

La Tribune.

sinant de si beaux contours et ne laissant aucun doute sur leurs efforts pour remporter la victoire ; cette Fornarina, si supérieure à toutes celles que l'amour et le génie ont inspirés à Raphaël en immortalisant leur modèle, alors que les extases de l'amant détruisaient la vie de l'artiste trop heureux et trop épris pour s'arrêter devant une si belle mort; cette toile du cardinal Gucchio; ces deux Vénus du Titien si voluptueusement couchées et entre lesquelles on n'oserait choisir; cette Décollation de saint Jean-Baptiste du Corrége; cette Sainte Famille du Parmesan; Eliézer de Clovis Carrache; la Vierge de Michel-Ange, celle du Pérugin; celle au Chardonneret de Raphaël, son pape Jules II, l'Hercule de Rubens, le Charles Ier de Van-Dyck, l'Endymion du Guerchin, la Vierge du Guide, parmi tant et tant d'autres, ne devraient être montrés que séparément, ou tout au moins être réservés pour servir de bouquet à tout le reste.

L'admiration s'est épuisée en parcourant cette rotonde, et l'on regarde avec indifférence d'autres objets auxquels on eût donné du temps et trouvé du prix si l'on avait pu les voir avant. Nous passerons, malgré leur mérite, devant les nombreux sarcophages précédés par des statues colossales qui décorent les vestibules, et parmi lesquelles un Cheval et le Sanglier antique occupent la première place, ainsi que devant toute la série de bustes qui alternent avec des bas-reliefs et des statues pour décorer les galeries. Il est d'autres chefs-d'œuvre pour lesquels je préfère réserver votre attention.

Plusieurs salles sont consacrées aux diverses écoles. Celles de l'école italienne et celles des peintres flamands sont incontestablement les plus riches. Dans l'une, Vénus et des Amours par l'Albano, sont le chef-d'œuvre du maître gracieux et coloriste; une Méduse du Caravage, une Vierge par le Guide, un Paysage de Salvator Rosa, des Chanteurs dus au Guerchin, et une Prédication par le Dominiquin, m'ont semblé mériter une mention spéciale.

Dans l'autre, un *portrait de fourrures* pour lequel la figure n'est qu'un simple accessoire, un Soleil couchant par le Lorrain, une Eglise par Peters Neef, un Vieillard par Albert Durer, un buste et plusieurs toiles par Holbein, et l'Allégorie d'Adonis par Rubens.

Les écoles toscane et vénitienne sont moins bien représentées. Quant à l'école française, je me flatte que l'envie est la seule cause de son infériorité sur toutes les autres.

Deux cabinets sont réservés aux bronzes antiques et modernes. Le premier contient de charmantes statuettes et des objets précieux placés dans des armoires tout autour de la salle ; au centre sont groupés d'autres bronzes de plus grandes dimensions sans en avoir moins de mérite.

La plupart des sujets modernes sont des copies et ne sauraient offrir aucun intérêt.

Les vases étrusques sont bien choisis, nombreux et bien placés ; ils servent de modèles pour les ouvrages en albâtre, dont la vogue a bien diminué, sans doute à cause de leur bon marché.

La Niobé occupe le fond d'une salle à laquelle on a donné son nom. Ce groupe est grandiose. On regrette avec raison que les autres statues destinées à le compléter, au lieu d'orner le pourtour de la salle, ne soient pas à leur place pour produire ainsi leur effet primitif.

L'Hermaphrodite donne aussi son nom à la salle qui le renferme. Cette bizarre monstruosité est un chef-d'œuvre de la galerie des Médicis.

Attendez que personne ne vous observe pour vous livrer à votre curiosité. Etonnez-vous surtout de sa provenance, que je vous apprendrai en vous parlant de Rome, ce qui sera plus à sa place et stimulera votre curiosité.

Autour sont des fragments et des groupes du plus grand prix. Celui du Laocoon se trouve au fond de la troisième galerie ; un jour mystérieux semble s'associer à ses triples douleurs. Jamais elles ne furent mieux rendues, et le talent de l'artiste fait frissonner l'admirateur. Dans d'autres salles, qui renferment d'autres chefs-d'œuvre, se trouvent exposées d'admirables tables en pierre dure, ruineuse industrie qui ne se trouve qu'à Florence, et qui, portée à ce degré de perfection, ne peut sortir que des ateliers du grand-duc et être l'objet de ses munificences. Vous en apprécierez mieux le mérite lorsque je pourrai vous initier à leurs détails.

Hâtons-nous de parler d'une réunion nombreuse de camées sans prix, d'une célèbre collection de médailles pour lesquelles je proclame à regret mon insuffisance, et d'une immensité de gravures qui exigeraient une année. Je ne saurais demeurer aussi long-temps loin de vous ; d'ailleurs, vous préférerez que je termine ce récit abrégé de cinq ou six séances, en vous parlant des pierres précieuses ou *gemmes* rassemblées dans une tribune, et pour lesquelles le travail a cent fois plus de prix que la matière.

Des colonnes de vert antique ou d'albâtre oriental, encadrent des armoires qui contiennent des camées, des statues, des groupes, des sujets formés des matières les plus précieuses par leur dureté et les plus rares par leur volume. Ce sont des vases de sardoine, des tasses d'améthistes, des coffres de cristal de roche gravés avec le plus grand soin, des statuettes, des jattes en granit, des figurines émaillées et d'un travail parfait.

En outre, une collection de parures du meilleur goût, ayant servi aux dames grecques ou romaines, et qui me faisaient envie, ne pouvant vous les rapporter. Si je voulais tout vous dire, je n'en finirais pas ; d'ailleurs, vous devez voir à votre tour. J'ai intérêt à ne pas anticiper sur vos jouissances, et je dois me borner à attirer votre attention sur les objets qui me semblent les plus dignes de la captiver.

Voudriez-vous y voir une preuve de mon abnégation et de mon affectueux dévouement ?

LETTRE IX.

Florence, le.....

Florence a été nommée à juste titre la *Ville des Fleurs*. Elles y sont belles et répandent un suave parfum. On en rencontre partout, dans chaque rue, à chaque porte, sur les marches de toutes les églises, à l'entrée de tous les édifices ; on vous poursuit sur les promenades pour vous en offrir, et ceux qui en font commerce, tout en les laissant à bas prix, sont encore disposés à vous en faire hommage si vous refusez de les leur acheter ; ils ne voudraient pas vous voir privé d'une chose qui leur semble concourir au bonheur de la vie. Chaque jour, en prenant notre tasse de chocolat matinale dans un café du voisinage, nous voyions de jolies bouquetières offrir des fleurs et un sourire à certains *signori abbati*, qui acceptaient l'un et l'autre et souvent n'en payaient aucun... si ce n'était peut-être en souvenirs dans leurs prières, auxquelles, pour ce fait, j'aurais eu moins de foi. Souvent nous en étions couverts dans nos voitures, alors que la rapidité de la marche ne nous permettait pas d'en acquitter le prix ; c'était un à-compte pour le lendemain ou un souvenir reconnaissant de celle à laquelle nous nous étions adressés la veille.

Grâce à la mort du prince Corsini, je puis vous faire assister au spectacle d'une cérémonie religieuse et civile dans sa plus grande splendeur.

Premier ministre du grand-duc, il avait droit à tous les honneurs attachés à sa charge; propriétaire de l'église de la Trinité attenante à son palais, celle-ci devait mettre au jour toutes ses richesses pour honorer sa dépouille mortelle, laquelle devait reposer ensuite dans la chapelle fondée par ses ancêtres et qui fait le principal ornement de l'église des Carmes.

Église de la Sainte-Trinité.

Le grand-duc avait envoyé sa garde noble; les troupes étaient sur pied, la famille nombreuse ainsi que les diverses corporations : le corps diplomatique, seul, avait été oublié et semblait disposé à ne pas s'en formaliser; placés en face de l'église, nous étions au premier rang.

La translation aux flambeaux fut aussi brillante que curieuse, et le défunt put prendre place parmi les siens, aux pieds du bienheureux saint André de Corsini, sur l'autel duquel des cierges innombrables brûlaient en vain depuis huit jours, pour obtenir l'intercession du saint en faveur de son parent malade.

Deux fresques représentant le martyre et la mort de saint Pierre, trois bas-reliefs en marbre de Carrare, signés de Fuggieri leur auteur, de riches candélabres, des marbres précieux servant de murs, et une belle image du saint sont dus à la famille, qui s'enorgueillit, à juste titre, de cette pieuse célébrité. *Église des Carmes.*

Le maître-autel de l'église du Saint-Esprit est surmonté par un baldaquin richement décoré. La gloire est soutenue par des colonnes en lapis-lazuli d'un seul morceau, ayant un mètre de hauteur; au-devant, deux lampadaires en argent ont été ciselés par Benvenuto Cellini. Un riche Florentin, après avoir consacré son temps, son goût, et une partie de sa fortune à faire exécuter ce chef-d'œuvre, en fit don à l'église, à la seule condition d'y voir à tout jamais enterrer sa famille. *Église du Saint-Esprit.*

Venez vous reposer de ces tombeaux et de ces chapelles, en vous promenant à Boboli, jardin du palais Pitti, ouvert deux fois par semaine au public, et qui l'emporte sur le parc de Versailles par le nombre de ses statues, l'abondance des eaux, la belle végétation des arbres, par ses cascades et ses fontaines au nombre desquelles se trouve celle si remarquable, au centre de laquelle figure une statue *Boboli.*

colossale : Hercule pour les formes, Neptune pour les attributs. Parcourons ensemble ces allées multiples, tantôt droites pour vous montrer de belles perspectives, tantôt couvertes pour vous garantir d'un soleil trop ardent, et tantôt contournées par des rampes, pour adoucir la pente qui vous conduit à des sommets d'où la vue se porte au loin sur le cours de l'Arno, et sur les villas nombreuses et riantes qui se pressent sur ses bords et autour de Florence.

Villa Torregiani. Allons ensuite au jardin Torregiani ; vous trouverez dans son enceinte deux charmantes maisons qui réunissent les agréments de la ville à tous ceux de la campagne ; nous monterons à la Tour Gothique, élégante fabrique et souvenir d'amour. Le précédent propriétaire, épris d'une Juive qu'une mort précoce lui avait enlevée, pouvait, du sommet de cette tour, contempler sa tombe dans le cimetière consacré à sa race, et se livrer ainsi chaque jour à de nouveaux regrets.

LETTRE X.

Florence, le....

Les Cascines. C'était aujourd'hui dimanche, et nous étions soumis à un repos forcé. Les cérémonies religieuses n'ont pas plus de pompe à Florence que dans les villes de France ; peut-être même laissent-elles plus à désirer. Aussi ce jour est-il choisi par la société élégante pour se donner rendez-vous aux Cascines. Les dames en calèche s'arrêtent devant le pavillon du grand-duc ; les hommes à cheval ou à pied viennent leur offrir des bouquets et des bonbons, et la célébrité de la mode est acquise à celle qui est l'objet d'un plus grand nombre d'hommages.

La licence des mœurs est extrême à Florence ; les femmes y sont légères et inconséquentes par calcul, et les hommes s'y font remarquer à force de constance et d'abnégation. Si l'objet de leur affection partage ses faveurs entre plusieurs de ses soupirants, chacun se résigne et redouble de soins pour se voir repris ou conservé quand même. Loin de cacher leurs torts, les femmes en font gloire ; et, au lieu d'y trouver à redire, chacune s'efforce de se surpasser. Ceci suffirait pour expliquer l'attrait que les étrangers trouvent à Florence, qui réunit tant d'autres avantages. Aussi semblent-ils chargés d'en faire les honneurs : à eux tous les frais, à eux toute la gloire, et, s'ils s'éloignent momentanément, leur seul désir est de pouvoir y retourner. A l'appui de ce que j'avance, je vous citerai la récente aventure de la comtesse S..., qui faisait encore du bruit dans la société élégante.

Abusant de cette licence, elle menait de front quatre intrigues à la fois. Mais, malheureusement pour elle, les soupirants heureux et étrangers n'avaient pas su comprendre encore le perfectionnement des usages florentins. Convaincus de la perfidie de leur dame après de mutuelles et blâmables confidences, ils résolurent de se venger et se trouvèrent tous les quatre au rendez-vous qu'elle avait assigné à l'un d'eux ce jour-là. Elle fut accablée de reproches et de mépris, et prétendit même, pour se rendre plus intéressante, qu'elle avait échappé par miracle en sortant, à un infâme guet-apens.

La société prit fait et cause pour la perfide, qui racontait son aventure à tout le monde. Les amants trompés furent blâmés généralement ; leur conduite fut signalée comme un précédent funeste, et peu s'en fallut qu'il en fût fait publiquement justice.

Peu de temps après, elle pardonnait au plus coupable, qui se trouvait trop heureux d'être rentré en grâce, à la condition d'être moins *curieux* et plus *résigné* à l'avenir.

La comédie de société, jouée en public au profit

des pauvres, est devenue une passion à Florence. Les plus grandes dames, les personnages les plus distingués, se réunissent pour former une troupe où chacun rivalise de magnificence et souvent de talent. Tout le monde est admis en payant, et parfois une critique sévère vient troubler des joies chèrement préparées.

Ce but de bienfaisance trouve rarement l'occasion de s'exercer; pendant tout le temps de mon séjour à Florence je n'ai pas rencontré un seul mendiant; et si les étrangers y sont rançonnés à outrance, la vie est à si bon marché pour les nationaux et le territoire si fertile, qu'il ne saurait y avoir de misère parmi le peuple.

En quittant les Cascines, nous sommes entrés dans l'église de Saint-Laurent-de-Médicis par les souterrains, pour arriver plus tôt à la chapelle dite des Tombeaux, fondée par Léon X en faveur de sa famille, et exécutée par Michel-Ange, ou, tout au moins, d'après ses plans. Aux deux côtés, quatre figures allégoriques non terminées, représentent le Jour, la Nuit, le Crépuscule et l'Aurore, et décorent les tombes de Julien et de Laurent de Médicis. En face est un autel et au fond la Vierge et l'enfant Jésus, du même maître. Nous avons été conduits

Église de Saint-Laurent-de-Médicis.

à la chapelle ducale, placée derrière le chœur dont elle n'est séparée que provisoirement ; magnifiquement décorée malgré son étendue, et incrustée des marbres les plus précieux, cette chapelle contient, sur d'immenses sarcophages surmontés de colossales statues en bronze, les noms des Médicis dont les cendres reposent ailleurs.

Le premier à droite est celui de Ferdinand V ; ensuite Côme Ier, Ferdinand III, Côme II, François, Côme VI. Les armes des cités, exécutées en pierres dures, et un magnifique plafond représentant, d'une part, quatre scènes principales de l'Ancien-Testament, et, de l'autre, quatre pages du Nouveau, complètent cette chapelle vraiment *ducale*.

Saint Ambroise fut, dit-on, le fondateur de l'église de San-Lorenzo, cathédrale de Florence pendant plusieurs siècles, incendiée et reconstruite ; ses trois nefs latérales contiennent vingt-quatre chapelles ornées de tableaux de prix, et deux chaires en bronze du plus beau travail ; son cloître conduit à la bibliothèque Lorenziana, où l'on trouve des manuscrits curieux.

Musée des Beaux-Arts.

Le musée des Beaux-Arts, où nous sommes entrés ensuite, est intéressant par sa collection de tableaux montrant les progrès de la peinture depuis son origine jusqu'à nos jours.

Le premier étage est consacré aux peintures modernes, et de nombreux plâtres, moulés sur les meilleurs modèles, servent aux études des jeunes élèves qui se pressent dans cette enceinte.

La nef principale de l'église de Santa-Maria-de-Pazzi est tout-à-fait nue ; mais son chœur, en revanche, est de la plus grande magnificence, revêtu des marbres les plus rares, entouré de colonnes plus belles par leur matière que par leurs accessoires en bronze doré ; le mausolée où se trouve la sainte, le bronze qui la recouvre, les médaillons supportés par des anges, les belles figures qui sont auprès, sont encore plus appréciés par suite de ce contraste. *Santa-Maria-de-Pazzi.*

La chapelle extérieure de la famille Genari offre de belles fresques ; il se trouve aussi, dans le monastère, des toiles dues aux pinceaux des premiers maîtres.

Notre matinée s'est terminée par une visite à la Maison de Travail, fondée sur le modèle de nos dépôts de mendicité, et à l'atelier du professeur Castali, rival de Pampaloni, préféré du grand-duc, mais ayant besoin de grandir encore pour justifier cette faveur. *Maison de Travail.*

Je termine ici mon épître et vous laisse reprendre haleine ; demain j'aurai bien d'autres merveilles à vous raconter.

LETTRE XI.

Florence, le....

Palais Pitti. Votre sagacité vous aura fait comprendre que j'allais vous parler du palais Pitti. Je ne saurais vanter l'extérieur de ce monument qui se trouve trop écrasé par rapport à son étendue ; qui a coûté des trésors au marchand ambitieux voulant effacer un maître dont il se préparait déjà peut-être à ravir la puissance, et qui, depuis sa chute, est devenu la demeure ordinaire des grands-ducs de Toscane. Ce monument communique avec l'ancien palais au moyen d'une galerie voûtée.

Je blâme la montée qui y conduit, les pierres massives qui le composent, le peu d'espace qui l'entoure de ce côté. Je voudrais démolir plusieurs rangs de maisons, et adoucir la pente à une grande distance, pour le montrer plus grandiose.

La cour charmante qui sert d'entrée, la cascade qu'on voit au fond couronnée par les bosquets de Boboli, les vertes pelouses qui les séparent, perdent à ce rapprochement et laissent trop à désirer sous le rapport du grandiose.

Ce blâme, que je crois motivé, vous engagera à ajouter foi à mes louanges. Je vais résumer quatre séances dans ce palais, où je serais peut-être encore s'il devait être le terme de mon voyage :

Un bel escalier conduit aux galeries; à gauche sont les grands appartements du grand-duc, meublés sous l'Empire, et peu renouvelés depuis; à droite, les appartements particuliers, plus recherchés, plus élégants, et que l'absence du souverain nous a permis de voir en détail; en face, la salle qui précède les tableaux.

Ici les grands maîtres ne sont pas classés par écoles. Les sujets des plafonds donnent généralement leurs noms aux salles qui contiennent des chefs-d'œuvre de toutes les époques et de genres différents. Cette variété en augmente le charme, et tout est profit pour l'observateur.

Comment faire un choix, tandis que tous méritent d'être cités, et comment les citer tous, à moins de remplir des volumes.

Cependant, le Mariage de sainte Catherine et une Marine, dans la première salle; deux Saintes-Familles, une Vierge et un Portrait de Rembrand dans la seconde; la Vierge à la Chaise et des Portraits par Raphaël dans la troisième; les Parques de Michel-Ange dans la quatrième; la Cléopâtre du Guide, la Danse d'Apollon et des Muses, la Mort du Christ dans la cinquième; une Assomption d'Andrea del Sarto et un Portrait par Véronèse dans la suivante. Ensuite un Saint-André, une Sainte-Famille, divers portraits, de grands paysages, et enfin la Rotonde, au centre de laquelle se trouve la Vénus de Canova, trop mondaine, selon moi, pour pouvoir être une déesse. J'en appellerais au besoin à l'avis d'un *signor abbate*, que les mœurs italiennes autorisaient à l'examiner sans scrupule.

Dans chaque salle se trouvent plusieurs tables en pierre dure de la plus grande beauté. Celle qui est placée dans le cabinet de bain semble supporter un déjeuner en porcelaine du Japon, dont on serait tenté de faire usage tant il est bien imité; un meuble antique, payé 15,000 francs par Côme de Médicis, m'eût fait envie au même prix. Les parquets sont en mosaïques de marbres variés et précieux; les cadres principaux sont placés sur des pivots pour être montrés dans leur vrai jour. Tout est soigné, tout est prévu, et une paternelle bienveillance est acquise aux artistes qui viennent s'inspirer de ces chefs-d'œuvre, en les imitant de manière à consoler les amateurs, qui, ne pouvant acheter les modèles, se dédommagent à bon marché. Le trésor, qui se voit au rez-de-chaussée, s'appelle l'*Argenterie*, et offre des richesses d'un autre genre et non moins précieuses.

Ce sont les chefs-d'œuvre de Benvenuto Cellini et de ses premiers élèves, tous ciselés, ou niellés, ou inscrutés de pierres précieuses, sous la forme de coupes, d'aiguières, de plats, de flacons de chasse, etc.; c'est un tabernacle et une chapelle tout en or, réservés pour le jour de Pâques; c'est une autre chapelle sans pareille, rehaussée de pierres précieuses et surmontée de figurines et d'une croix formée d'un seul morceau de cristal de roche gravé; ce sont des ornements complets de corail et de calcédoine, ensuite un dessert royal exécuté par le même maître, et un surtout d'un seul morceau de lapis-lazuli évalué 400,000 francs.

Quelques remarques heureuses sur ce genre que j'aime tant, m'ont valu les bonnes grâces de l'*argentero*, qui m'a laissé tout toucher, tout voir, tout admirer en détail à ma complète satisfaction, avec licence de recommencer quand je pourrais le désirer.

Poggio Imperiale. Pour vous reposer de cette nomenclature, nous sortirons ensemble par la porte Romaine pour visiter *Poggio imperiale*, jolie maison appartenant au grand-duc, où il ne séjourne que quinze jours pendant l'automne, et qui se ressent de cet abandon. Une longue avenue d'arbres verts mélangés y conduit par une montée assez rapide ; on en est dédommagé par la belle vue dont on jouit, et les amateurs de l'antiquité y trouvent plusieurs belles statues.

La Chartreuse. Voudrez-vous venir ensuite à la Chartreuse? Ici, pourtant, vous serez forcément réduite à mes récits. Les femmes, vous le savez, sont exclues de ce saint lieu. Une de mes compagnes, qui avait espéré se soustraire à la consigne, trouvant trop long le temps employé à ma visite et s'ennuyant de la solitude à laquelle elle avait été condamnée, avait repris la route de la ville, et n'avait été consolée qu'en apprenant mon désappointement. Cette Chartreuse n'a d'autre mérite que l'air et la vue dont elle jouit, grâce à son élévation.

LETTRE XII.

Florence, le....

Nous sommes sortis de bonne heure par la porte

San-Gallo, auprès de laquelle se trouve l'Arc-de-Triomphe érigé en l'honneur du premier duc de Lorraine, souverain de la Toscane. C'est le seul monument de ce genre. Auprès se trouve une des forteresses qui défendent la ville; l'autre domine le jardin de Boboli, et, communiquant avec le palais Pitti par une galerie souterraine, servirait au besoin de refuge à un souverain moins populaire et moins adoré de ses sujets.

Nous avons suivi la nouvelle route qui mène à Fiessole en rendant plus faciles les montées qu'il fallait gravir à pic auparavant. C'est un bienfait du grand-duc actuel. Nous avons visité avec intérêt la villa Dante, celle dont Pauline Borghèse avait fait une charmante retraite et où elle est morte bien jeune encore et toujours admirablement belle ; nous avons joui de plusieurs points de vue qui se multiplient et s'étendent à mesure que l'on s'élève, et nous avons fait notre entrée à Fiessole, que Florence a remplacée dans l'ordre hiérarchique, et qui ne conserve de ses anciennes splendeurs que le Siége de saint André, son premier archevêque, et le droit de servir de demeure à tous ses successeurs. Sa cathédrale est antique et curieuse. On va voir, dans un champ, les restes d'un cirque qui dé-

Fiessole.

viendra, sans nul doute, l'objet de fouilles plus complètes, et des parties pe murs romains qui formaient son enceinte et qui s'écroulent fréquemment. Un couvent de capucins couronne la hauteur qui domine la ville et prouve le bon goût des Pères qui plaçaient ainsi leur retraite. Vous serez dédommagée de la nouvelle ascension qui devra vous y conduire, par la richesse de leur double église et par votre domination sur tout ce qui l'entoure.

Après un déjeuner par trop champêtre pour avoir été si long-temps attendu, nous sommes descendus à pied pour mieux jouir de la vue qu'un soleil de Toscane rendait plus belle encore, et nous avons changé de route pour parcourir le revers de la montagne, parmi de nouveaux sites et d'autres villas qui ne le cédaient en rien aux premières. Notre excursion s'est terminée par une visite au couvent de San-Salvi, où, parmi plusieurs fresques fort effacées, nous avons remarqué avec plaisir une Cène par Vasari; de là nous nous sommes fait conduire *allo studio del maestro Bartholoni*, où nous avons vu, sinon le professeur, plusieurs groupes dignes de sa renommée, et nous sommes allés chercher au fond d'un magasin encore encombré par de vieilles voitures, une belle fresque de Raphaël représentant la Cène, et récemment découverte par hasard sous la couche d'enduit qui la cachait depuis des siècles. Le grand-duc doit acheter ce local pour en faire mieux jouir le public.

Le magasin de Pisani, si renommé jadis pour les travaux en albâtre, est bien déchu. C'est sur la terrasse de cette maison que le grand-duc décerne, le jour de la Saint-Jean, le prix au vainqueur de la course de chevaux, auxquels la rue sert d'hippodrome.

Il y avait jadis, aux jours du carnaval, d'autres courses qui n'existent plus et que je regrette. Les concurrents étaient des ânes livrés à eux-mêmes; le vainqueur était celui arrivé le dernier. Chacun avait ses adhérents, qui l'attendaient au passage pour lui offrir des chardons, des choux, et le retenir ainsi en provoquant sa convoitise; d'autres, en revanche, les rouaient de coups pour les faire marcher plus vite, et il en résultait des scènes fort amusantes pour le public.

Les maisons anciennement habitées par le Dante, par Raphaël, par Michel-Ange, par Bianca Capello; celles de Benvenuto Cellini, de Jean de Bologne, d'Alfieri, de Galilée, et la tour de Machiavel, conservent leur célébrité et fournissent au cicerone l'occasion de faire parade d'une érudition plus ou moins contestée.

Il Bargello, ou prison, se trouvait sur notre chemin : nous n'y serions pas allés sans cela. Un visiteur frappait à la porte ; il avait l'air de reprocher à la justice un oubli qu'il s'empressait de réparer.

<small>Église Sainte-Croix.</small> Il me reste à vous parler, en fait d'église, du mausolée de Michel-Ange, renfermé dans Sainte-Croix, et peu digne du grand génie qu'il représente ; de ceux de Machiavel et de Galilée, d'un récent hommage rendu au Dante par Alfieri, et de la chapelle gothique et fort curieuse, ornée de <small>Église Saint-Michel.</small> beaux bas-reliefs, dédiée à la Vierge dans l'église de Saint-Michel lors de la cessation de la peste de Florence.

Le palais Strozzi, qui étonne par ses immenses proportions, ressemble à une prison d'Etat. On admire, dans la cour du palais Riccardi, des bas-reliefs en marbre, et on va voir au palais Martelli une statue de saint Pierre justement renommée.

La galerie du palais Corsini renferme des tableaux précieux et dont la plupart ne dépareraient pas les belles toiles que je vous ai déjà citées, appartenant au grand-duc.

Il existe plusieurs théâtres à Florence ; celui de

la Pergola est le plus fréquenté. Mais nous avons vivement applaudi, *al Cocomero*, une charmante actrice qui nous rappelait le plus beau temps de Mlle Mars et qui était fort passablement secondée.

C'était une surprise que j'appréciais d'autant plus que je n'aurais pas osé y prétendre !

LETTRE XIII.

Florence, le.....

J'ai à vous rendre compte encore de diverses séances à l'Académie des Beaux-Arts, où se trouve le Muséum d'histoire naturelle, et les ateliers de ces travaux en pierre dure devant lesquels vous m'avez surpris plusieurs fois en extase.

Un vaste magasin contient d'innombrables échantillons de pierres fines, toutes classées par ordre et par nuances ; d'habiles dessinateurs composent et colorient les sujets ; d'autres artistes, dont la patience doit surpasser le talent, les exécutent ensuite. C'est à l'aide d'un fil de laiton et de poudre de diamant ou d'émeri, que ceux-ci font ordinairement, dans des pierres de touche, la place des sujets qu'ils y incrustent ensuite après les avoir nuancés et découpés à leur tour avec une merveilleuse précision. Telle table a exigé douze années du travail assidu de dix-huit ouvriers, et coûte au grand-duc plus de cent mille écus !

Ce sont les objets de ses munificences, dignes de celui qui les offre et dignes aussi des souverains auxquels ils sont destinés.

Quelques artistes de la ville se livrent à cette industrie, mais dans de bien moindres proportions malgré que leurs prix soient assez élevés. Il signor *Gaetano Bianchini* est, à juste titre, le plus renommé parmi ceux-ci ; mais les ouvriers les plus capables sont employés par le grand-duc, qui les paie de manière à ne leur donner nul désir d'aller ailleurs.

Au-dessus se trouvent les salles du Muséum ; ce sont les collections les plus complètes de pierres précieuses brutes et de minéralogie ; ensuite les fleurs rares de toutes les parties du monde, parfaitement représentées ; puis les oiseaux, les poissons, les insectes de toutes sortes ; et enfin les salles d'anatomie, dont les modèles en cire n'ont pu encore être égalés pour leur nombre et pour leur perfection.

Les curieux peuvent s'initier à toutes les beautés et à toutes les infirmités de la nature humaine, tandis que l'homme de l'art vient y chercher des documents et des exemples.

Plusieurs salles se succèdent ainsi, ayant chacune leur spécialité, jusques *al Cabinetto segretto*, objet d'une exclusion suffisamment motivée pour les dames, mais pour laquelle nous avons eu la preuve que le cerbère n'était pas incorruptible.

Le baptême d'une jeune princesse nous a fourni l'occasion d'assister à un gala de la cour. Tout ce que Florence contenait de plus distingué y avait été convié. Les appartements étaient décorés, la foule considérable, les toilettes brillantes. C'était une bonne fortune dans cette saison où, sans cette circonstance, nous n'aurions pas pu juger l'élite de la société.

Nous n'avions plus rien à voir à Florence, il nous tardait d'aller ailleurs.

Nos comptes réglés à notre mutuelle satisfaction et suivant le prix convenu d'avance avec Mme Ponsomb, notre aubergiste, qui nous avait fort bien traités, nous nous préparions à nous mettre en route, lorsque nous fûmes assaillis par tous les gens de la maison auxquels j'avais donné un généreux pourboire, eu égard aux services qu'ils ne nous avaient pas rendus, et qui se montrèrent tellement insolents que je dus les menacer d'une correction à la française, qui seule aurait pu me dédommager de leurs invectives.

« Vous avez bien raison, me répondit Mme Pon-
» somb, à laquelle je portais plainte; vous auriez
» dû les fustiger : cela aurait été probablement
» utile à ceux qui viendront après vous. Ce sont les
» plaies de nos maisons, et nous ne gagnerions
» rien à les changer. Mais vous êtes ici sur des
» roses, attendez-vous à trouver pire encore quand
» vous serez à Rome et à Naples. »

J'appris, en effet, qu'une de nos compatriotes, après avoir donné à *la vittoria* le double de ce que l'on pouvait espérer, avait vu sa voiture entourée par *le servi*, dont plusieurs tenaient les chevaux par la bride pour les empêcher de partir, tandis que les autres la rançonnaient cruellement sans que le maître d'hôtel jugeât *prudent* d'intervenir. Je profitai de l'apologue; partout le pourboire a fait partie de mes conditions *écrites*, car il ne servirait à rien d'en faire de verbales.

Nous sommes sortis de Florence par la porte Romaine. La route s'élève graduellement jusqu'à San-Cacciano et au milieu de bois. Si l'on eût suivi le torrent, ainsi que l'avait voulu l'empereur et que cela s'exécutera sans nul doute plus tard, on aurait évité bien des ascensions pénibles et pour la plupart sans intérêt. Le génie du grand homme se retrouve partout! Ces pentes rapides servent d'excuse à la lenteur des postillons et aux exigences des maîtres de poste, qui taxent votre voiture suivant leur fantaisie et y attellent huit chevaux alors que trois auraient fait le service. Il est vrai que ces chevaux sont si chétifs, si mal nourris, que trois ne vaudraient pas un de ceux attelés à nos diligences. Souvent on y ajoute deux ou quatre bœufs, et la marche n'en est pas ralentie.

Ces maîtres de poste, qui sont tous aubergistes, ont encore une autre tactique. S'ils ont l'espoir de vous retenir chez eux alors que vous comptez aller jusqu'au relais suivant, ils exagèrent encore davantage le nombre de chevaux qu'ils prétendent atteler, à cause surtout de leur fatigue et des courses nombreuses qu'ils ont eu à fournir! « Si *leurs excellences*
» voulaient s'arrêter pour coucher, la moitié des
» chevaux reposés pendant la nuit suffirait pour les
» conduire, et nulle part elles ne trouveraient un
» meilleur gîte ni un semblable souper. » Et quel désappointement on éprouve le plus souvent. Les auberges des routes, en Italie, ne sont généralement

pas en progrès comme celles des grandes villes.

Si l'on voyage par le courrier, qui remplace nos diligences, le conducteur n'ose rien dire aux postillons, qui ressemblent à de véritables brigands, par la crainte d'être assassinés par eux. Aussi attend-on à chaque relais leur bon plaisir pour atteler, et encore s'arrêtent-ils en route pour prendre le *café*, qu'ils vous demandent de leur payer chaque fois qu'ils en trouvent l'occasion ; votre gracieuseté ne parvient pas à les faire marcher plus vite.

Le grand-duc possède un palais à Ponggibonsi, grand bourg bien habité; Volterra se trouve à droite; mais nous avions hâte d'arriver à Sienne, qui méritait bien plus notre intérêt.

Depuis la montée degli Scopetti, les montagnes deviennent sans forme et sans couleur: le pays est stérile et l'on a hâte d'avancer.

Il n'en est pas ainsi alors qu'on est arrivé à Sienne.

Sienne.

La ville se voit de loin ; ses murs sont dominés par des tours nombreuses qui désignent, au centre, les palais des anciens seigneurs. Celle de la Mangia est encore supérieure aux autres; et renferme une horloge ; le portail de la cathédrale est magnifiquement orné de marbres, de statues, et de bronzes; son clocher est aussi revêtu de marbre, sa nef de même, et son pavé en mosaïque ; sa voûte azurée, les découpures de la nef, le tabernacle du maître-autel, les sculptures des stalles, la chapelle del Voto, les bénitiers et la chaire, composent, avec de nombreux tableaux dus aux premiers artistes, une partie des richesses de ce merveilleux monument.

Le cloître et le clocher des Carmes, celui de Saint-Georges percé d'une manière originale, celui des Augustins, la piazza del Campo, les beaux aqueducs modernes de la fontaine Gaja, les palais Petrucci et Buonsignori ont ensuite occupé nos loisirs.

Montalcino s'aperçoit de loin, en nid d'aigle sur son rocher, et rien ne dédommage des montées pénibles qui conduisent à Radicofani, entouré de pierres volcaniques, écarté de la route, et mal défendu par un château peu fort qui sert de limites à la Toscane de ce côté.

Les croupes des Apennins se prolongent encore sans avoir plus de charmes ni de variété.

A Ponte-Centino nous avons été visités, rançonnés et plombés pontificalement, par des douaniers fort obséquieux, dont le chef, en tendant la main, faisait valoir pour obtenir un plus fort salaire, *la gentilleza* avec laquelle il nous avait traités.

Depuis le pont construit sur la Paglia, la nature change d'aspect, la vallée est riche et bien cultivée ; les collines depuis long-temps informes et stériles se transforment en rochers couverts de lauriers et de myrtes. La ville d'Acquapendente montre pittoresquement ses vieux murs ; ses hauts clochers, couronnant une montagne au fond de la vallée, dominent les belles cascades auxquelles elle doit son nom et dont les eaux fertilisent la contrée.

Grâce à ce contraste inespéré, on s'aperçoit à peine de la longue et rapide montée à l'aide de laquelle on y parvient.

Bolsena, assez triste village, ne rappelle nullement son ancienne célébrité comme capitale des Volsques ; ensuite son lac étendu renommé par ses excellents poissons et au centre duquel on aperçoit deux îles verdoyantes ; Montefiascone, connu par son vin avant d'être illustré dans la *Cenerentola* ; le lac sulfureux de Bulicame ; la principauté de Canino dont Lucien Bonaparte est devenu le titulaire, et Viterbe fortifiée, où l'on trouve une porte romaine, une belle fontaine vivifiée par un antique aquéduc, des tombeaux curieux renfermés dans l'Hôtel-de-Ville, et l'église de Saint-Laurent qui paraît avoir supplanté Hercule.

Nous avons été versés assez brutalement par l'incurie des postillons, qui avaient substitué à *leur café* une trop forte dose d'eau-de-vie ; au lieu de s'excuser de leur maladresse, ils voulaient la rejeter sur nous, pauvres victimes bien innocentes de leur méfait, et il fallut employer des menaces fort énergiques pour mettre un terme à leur insolence, et les forcer à aller au prochain village réclamer aide et secours.

La police a sévi avec succès contre les brigands armés de la route ; elle n'a pas atteint les plus nombreux et peut-être les plus hostiles.

Au sortir de Ronscilliano, sale relais que l'on s'empresse de quitter, la vue se promène à l'infini sur de véritables steppes qui ne présentent ni une seule habitation, ni aucune trace de culture : la nature y fait pousser de l'herbe ; quelques rares parties sont ensemencées et récoltées tous les ans par des gens des Abruzzes, qui viennent en aide à la paresse des rares habitants ; ceux-ci bornent leur industrie à y faire paître de maigres troupeaux.

Baccano et Ferrentino n'offrent pas plus d'intérêt, et un monument en ruines, signalé sous le nom de Tombeau de Néron, ne contenait que les cendres d'un modeste couple romain.

Ce véritable désert, qui entoure Rome dans un rayon de plus de trente milles, est, dit-on, le résultat d'une vieille tactique du gouvernement pontifical ; il s'est, à plusieurs reprises, refusé à des offres avantageuses qui auraient rendu ces contrées productives et vivantes ; il craint que ces progrès en civilisation ne changent la nature de son pouvoir et de sa prépondérance ! Telle est aussi la cause assignée à sa résistance pour permettre aux chemins de fer de s'introduire dans les Etats-Romains, et de les associer aux bienfaits qui résulteraient de leur parcours. Espérons que le noble caractère de Grégoire XVI s'affranchira de ces entraves qui ne sont pas en rapport avec son siècle, à moins que son âge avancé lui fasse craindre de ne pouvoir jouir de ses œuvres, et qu'il préfère en laisser la gloire à son successeur ; celui-ci ne saurait priver plus long-temps ses sujets de participer à de semblables avantages.

Rome.

Rome s'aperçoit de loin et comme dans un mirage ; quelques-uns prétendent que cette immense solitude qui précède la ville sainte, inspire un religieux recueillement. Je ne saurais, je l'avoue, partager cette opinion ; j'aime à admirer le créateur dans ses magnificences, et jamais je ne le trouve plus grand qu'au milieu des merveilles de sa création.

Le contraire me paraît un oubli de sa part ou une preuve de sa colère.

Le siége du représentant de saint Pierre, les superbes édifices consacrés à la religion, le trône antique des Césars, les grandioses ruines qui rappellent leur puissance, ne perdraient rien à être noblement précédés !

Un cœur attristé d'avance ne saurait se livrer à l'enthousiasme, ni éprouver d'aussi vives émotions.

Les approches de Rome sont semblables à la Thébaïde ; pas un arbre, pas le moindre point de vue pour varier la monotone ondulation du terrain, et jusques al Ponte-Molle, dont les fondations datent de 700, et nouvellement décoré ou défendu par quatre colossales statues de saints fort en renom, il en est ainsi ! C'est là qu'on traverse le Tibre pour la première fois et qu'il montre ses eaux jaunâtres, même alors qu'elles paraissent les plus limpides ; primitivement, on le nommait *Albula*. Tibernius, descendant d'Enée, s'y étant noyé,

Ponte-Molle.

il fut appelé Tibre en souvenir de cet évènement. Au-delà commence le faubourg où se trouvent la villa Poniatowski et la villa Borghèse ; celle-ci sera l'objet d'un récit particulier : je veux et je dois reprendre haleine avant d'aller plus loin.

LETTRE XIV.

Rome, le.....

La porte du Peuple, qui donne entrée dans la ville de Rome de ce côté, a remplacé la porte *Flaminia* qui faisait partie de l'enceinte primitive. Elle est d'un assez bel effet ; mais on l'oublie pour ne s'occuper que de la place qu'elle précède et qui porte le même nom ; au centre, un obélisque venu d'Héliopolis, surmonte la fontaine ; à gauche, un couvent attenant à l'église de Sainte-Marie-du-Peuple,—sur les jardins duquel Napoléon-le-Grand a tracé la promenade qui mène au sommet du Monte-Pincio,—admirable belvéder qui sert de rendez-vous au monde élégant de Rome, et montre les douze collines sur lesquelles elle est construite en plans superposés ; à droite, un temple pour les arts ; en face, trois rues qui divergent en séparant, à leur début, deux églises élégamment décorées, sous l'invocation de Santa-Maria-di-Monte-Santo, et de Sainte-Marie-des-Miracles ; la rue à droite, connue sous le nom de *Ripetta*, conduit aux bords du Tibre ; celle du centre est le *Corso* ; celle de gauche, la Via del *Babuino*, mène à la place d'Espagne.

Des statues et des bassins forment l'enceinte de la place et complètent son effet.

Le premier soin, surtout à Rome, consiste à se loger. Nous arrivions tard, la chose n'était pas facile, d'autant que ceux qui devaient y passer l'hiver avaient déjà fait retenir les meilleurs appartements. Enfin, après plusieurs vaines tentatives, je suis parvenu à caser confortablement mon monde, piazza di Spagna, dans une des maisons Serny ; il avait un peu modifié ses exigences, j'avais dû faire assez de concessions ; bref, nous étions tous bien ; et ses prix, même le pour-boire, avaient été l'objet d'un traité *signé*.

Mon devoir rempli sur ce grave sujet, j'ai pu prendre ma course et me rendre à Saint-Pierre. Je n'aurais pas voulu m'endormir à Rome sans avoir admiré la sainte Basilique ; l'heure avançait, la nuit venait, et la distance me semblait grande ; aussi je me hâtais, et j'aurais mis du scrupule à jeter un regard en passant sur le pont et le château Saint-Ange; je ne voulais voir que Saint-Pierre, sa place, ses colonnades, son obélisque, sa coupole, que j'avais tant admirés sur ses innombrables gravures.

Je n'oserais pas vous dire que rien ne m'a satisfait, si cette impression, à la première vue, n'était partagée par tous ceux qui prennent la peine de juger sans s'en rapporter à de fautives relations ; il faudrait abattre une partie des maisons qui précèdent la place et qui masquent le péristyle, pour leur rendre le grandiose auquel ils ont droit.

Il n'en est plus ainsi dès qu'on est parvenu au centre; tout retrouve le charme de ses proportions, tout grandit, tout s'élève ; mais le temps me manquait pour y arriver. Il eût été piquant de me perdre dans Rome à mon début, et de courir la chance d'être ramassé comme un vagabond, par la police pontificale; d'ailleurs, je n'avais ni la ressource des réverbères, ni la clarté des boutiques pour m'aider à retrouver mon chemin; les uns sont rares et fort obscurs, les autres sont fermées à la chute du jour, et il n'y entre aucunes lumières, par la raison qu'il ne s'y présente jamais de tardifs acheteurs.

C'est un contraste avec Paris, si brillant, si

animé le soir; qui n'est pas en faveur des villes d'Italie! Il en résulte qu'il faut aller au spectacle, ce qui devient monotone, puisque chaque jour on répète la même pièce; ou s'habiller pour aller dans le monde après y avoir été présenté, ce qui, souvent, est fatigant à la suite d'une journée employée à courir; ou se résoudre à demeurer chez soi et attendre le lendemain, tandis qu'on préférerait flâner tout à son aise et choisir ses emplettes dans ses moments perdus; mais, enfin, il en est ainsi : dites-vous-le et agissez en conséquence.

Une partie de notre caravane avait préféré retourner à Livourne pour venir par mer à Civita-Vecchia, et déjà ces dames avaient eu à se plaindre des porte-faix, des compagnies de bateaux à vapeur, et surtout des voituriers, qui les avaient rançonnées à qui mieux mieux en s'applaudissant de leurs fourberies; ils savaient d'avance que personne, et moins encore la police, ne chercherait à y mettre ordre.

Nous n'avions donc, sous aucun rapport, à regretter d'être venus par terre.

Le lendemain, nous étions tous en marche de bonne heure, dans deux voitures de remise louées pour tout le temps de notre séjour à Rome : c'était un objet de première nécessité. Nous étions trop nombreux, et nos goûts étaient trop différents, pour ne pas donner à chacun les moyens d'avoir sa liberté.

Après avoir parcouru plusieurs rues, souvent larges et toujours sales, nous sommes parvenus au pont Saint-Ange, jadis pont *Ælius*, construit par l'empereur Adrien, conduisant à l'immense édifice qu'il destinait, de son vivant, à contenir ses cendres, et qui, restauré bien plus tard, orné de dix statues représentant des anges portant les insignes de la Passion de Notre-Seigneur, et devant conduire à Saint-Pierre, changea le nom du fondateur contre celui qu'il conserve aujourd'hui. Ce pont est d'un bel effet.

Le mausolée d'Adrien, transformé en forteresse, a pris depuis, en 1206, le même nom ; c'est la principale défense que le gouvernement de Rome peut opposer à ses ennemis, et dont il fait usage contre les agitateurs qui voudraient lui imposer leurs lois ; jadis il était revêtu de marbres précieux. La rotonde intérieure, contenant les tombeaux de divers empereurs, était entourée de festons, supportés par de nombreux pilastres couronnés par

[marginalia: Pont Saint-Ange. Château Saint-Ange.]

de belles statues; le sol était en mosaïques, et un vaste cirque, placé derrière, complétait ce monument.

De nombreuses mutilations se succédèrent à diverses époques : les statues et les marbres devinrent des projectiles employés par les assiégés à prolonger leur résistance.

Les empereurs et les déesses firent place à la statue colossale de saint Michel archange, placée au centre du château, et des embrasures sur plusieurs rangs furent percées pour concourir à son nouvel usage, après avoir donné un plus grand développement à son enceinte; un passage couvert donnerait au pape les moyens de s'y rendre si sa sûreté personnelle était compromise au Vatican : il n'est pas toujours demeuré sans emploi; c'est de la plate-forme du donjon que s'élancent, à des jours donnés, les innombrables fusées qui composent un feu d'artifice.

LETTRE XV.

Rome, le......

Une rue longue et large, dans laquelle se trouvent un vaste hôpital et son église, une autre église, une place servant de marché, sur laquelle j'ai eu, pour la première fois, le spectacle d'un prédicateur en plein vent, monté sur une chaise, faisant tenir un Christ par un enfant, et haranguant un public plus nombreux que choisi, conduit au Vatican ; cette rue est illustrée par la mort de Raphaël, qui y termina sa trop courte carrière.

Ces monuments ont le tort d'être trop rapprochés de Saint-Pierre ; on passe sans s'en occuper.

Cette fois, mieux instruits, nous sommes arrivés au centre de la place, au pied de l'obélisque en granit, précédemment placé dans le cirque de Néron, et maintenant entre les deux fontaines qui font jaillir en gerbes l'eau qu'elles répandent ensuite, par une double nappe, dans de vastes bassins ; ayant en perspective la belle colonnade elliptique à quadruple rangée, couronnée par de nombreuses statues, et sous laquelle les cardinaux se rendent en voiture les jours de gala, et le public à pied les jours de pluie.

Du centre, où nous étions placés, et par un effort de perspective, le premier rang de ces colonnes masque tous les autres.

L'érection de l'obélisque est le sujet d'un singulier récit.

Le *Paul Lebas* de cette époque, moins avancé que son confrère, n'avait trouvé d'autre moyen pour redresser le monolythe, que des cabestans nombreux placés à distance, et qui devaient tendre, en même temps, les câbles fixés à sa cime ; le silence était indispensable pour transmettre les divers ordres auxquels cette opération difficile devait donner lieu, et il fut prescrit sous peine de mort.

Alors que l'obélisque fut parvenu à sa plus grande inclinaison, et, par conséquent, où sa pesanteur était la plus considérable, les câbles semblèrent insuffisants et leur rupture devenait imminente. L'ordonnateur ne savait quel moyen employer, et la foule attendait avec anxiété la chute à la suite de laquelle le monolythe aurait été mis en pièces.— Soudain, une voix se fait entendre : « Mouillez les cordes ! » s'écrie-t-elle ; ce conseil, adopté sur l'heure, eut un succès complet, et vous pensez que l'on se garda bien de punir le coupable auteur de ce salutaire avis.

L'immense et peu correcte façade de l'église, se voit au fond, précédée par des degrés en marbre qui conduisent sur le sol où saint Pierre subit son douloureux supplice ; déjà, en l'an 65, on y avait

<small>Saint-Pierre.</small>

érigé un oratoire, transformé en basilique en 300 et quelque, et réédifiée en 1440 pour n'être terminée qu'après deux cents ans de travaux successifs, d'après les dessins du célèbre Bramante, remplacé par Michel-Ange, sous le pontificat d'un pape Borghèse.

D'autres artistes renommés furent appelés ensuite pour compléter cette merveille du monde chrétien, à laquelle le règne et les trésors de plusieurs papes ont été consacrés.

On parvient aussi au vestibule par ses deux extrémités en suivant les colonnades et sous de vastes portiques : à droite est l'entrée du Vatican ; plus haut, le vestibule ; à gauche, l'entrée des appartements du pape ; et, en continuant à monter, celle de la chapelle Sixtine.

Des gardes suisses, dans leur costume national purement conservé, sont chargés de garder le Saint-Père et de tout le service extérieur de ce vestibule qui ferait à lui seul une église.

On s'introduit dans le temple par cinq portes, dont une, murée, reste close dans l'intervalle des Jubilés, c'est-à-dire pendant vingt-cinq ans.

On s'étonne que, malgré son immensité, — six cent soixante pieds et demi de long sur quatre-vingt-

deux de large, — la nef principale ne paraisse pas
plus grande tant les proportions sont bien obser-
vées ; cependant ses pilastres sont tels, qu'une
des églises de Rome n'occupe pas plus de surface ;
sa coupole a les dimensions du Panthéon ; les
anges qui décorent les bénitiers paraissent des
enfants et ont plus de six pieds ; la hauteur de
la nef dépasse cent quarante pieds ; la largeur à
la croisée quatre cent dix-sept, et les évangé-
listes placés au fond, n'ont rien qui surprenne
malgré leurs colossales proportions. Joignez-y les
nefs latérales, les chapelles, la croisée, etc., etc.,
et faites-vous en une idée, si la chose vous est
possible.

Je ne prétends pas vous initier à tous les détails
que renferme Saint-Pierre ; qu'il vous suffise de
savoir que, chaque jour, je trouvais le temps de
m'y rendre, et que j'en sortais plus satisfait.

Ces immenses pilastres, revêtus de marbres précieux, sont ornés de statues, de bas-reliefs et de médaillons ; les arceaux qui les relient sont de même.

Cette coupole principale, ainsi que toutes celles
qui surmontent les chapelles latérales, sont en mosaïques à fond d'or représentant des sujets religieux. Les tableaux placés sur chaque autel, sont

copiés d'après les plus grands maîtres, en mosaïques d'un travail si parfait, qu'il faut chercher avec peine un faux jour pour ne pas être convaincu que l'on se trouve en présence de l'original en peinture.

Chacune de ces chapelles, richement décorées et parmi lesquelles celle du Saint-Sacrement tient la principale place, est séparée par d'autres pilastres auxquels sont adossés les mausolées de divers papes, qui rivalisent de magnificence et qui devraient être l'objet d'autant de descriptions.

Avant de parvenir au Baldaquin, placé au centre de la coupole, et auquel on regrette que le pape Urbain VIII ait employé les bronzes antiques placés dans les rosaces du dôme du Panthéon, on voit la statue, aussi en bronze, de Jupiter transformé en saint Pierre, dont le pied est usé à force d'avoir été successivement baisé et essuyé par la masse des fidèles, qui ne sauraient entrer dans l'église sans s'acquitter de ce pieux devoir.

Ce Baldaquin est grandiose et d'un beau style ; il décore le maître-autel faisant face au peuple, ainsi que ceux des autres basiliques. Le pape seul a le droit d'y célébrer les saints mystères, ou de s'y faire suppléer par un cardinal. Derrière, au fond du chœur, un autre autel est surmonté par la chaire de saint Pierre, recouvrant en bronze celle incrustée d'ivoire et d'or qui servit au premier évêque de la chrétienté; quatre colossales statues la soutiennent et sont entourées par d'autres figures du même métal formant groupes; deux immenses mausolées sont à côté: sur celui d'Urbain VIII, la représentation en marbre de la Justice était si belle, qu'il a fallu recouvrir sa nudité d'une chemise en bronze; le tout à cause des bonnes mœurs!

La chapelle du chœur en face de celle du Saint-Sacrement et ne le cédant à aucune autre, réunit chaque jour le chapitre de Saint-Pierre, qui y célèbre les offices avec pompe; deux orgues, formant tribunes, sont réservés, l'un aux étrangers de distinction, l'autre à ces chanteurs *infortunés* qui achètent leur renommée au prix d'un affreux sacrifice, et qui se renouvellent toujours, malgré le soin que l'on apporte à dénier leur existence; leur voix vibrante pénètre l'âme, et le profit qu'ils en retirent, fait oublier aux *mutilés* ce que leur coûte la cruelle prévoyance de leurs parents pour leur procurer cette gloire *stérile*.

Les sacristies sont vastes, nombreuses, richement ornées, et renferment des chefs-d'œuvre.

Dans les souterrains se trouvent des tombeaux et des chapelles : la principale, celle dite de la Confession, reçoit un jour insuffisant, par une ouverture placée au centre de la nef et entourée d'une grille dorée; des fanaux y suppléent à l'absence du jour. C'est là que vont prier ceux qui ne prennent pas la peine de descendre. Cette chapelle ne saurait approcher de la magnificence de celle où repose saint Charles Borromée au dôme de Milan.

C'est en face du remarquable tombeau des Stuarts que s'ouvre la porte qui conduit à la coupole et sur toutes les parties extérieures du monument; un large escalier circulaire s'arrête au-dessus du frontispice. J'ai voulu connaître les proportions des douze apôtres qui couronnent l'entablement, et jamais ma main n'a pu atteindre à leurs genoux. Grimpant encore pendant long-temps, nous sommes parvenus au pied de la coupole où se trouve la demeure du principal custode, et une fontaine jaillissante qui paraîtrait merveilleuse, si on ne voyait sur le mont Janicule, la fontaine Pauline qui lui prête ses eaux ; — cet ornement est, en outre, une assurance contre l'incendie.

De cette terrasse, on parvient à la galerie extérieure d'où l'on plane sur la ville et sur les environs ; et, après plusieurs rampes qui se succèdent en se rétrécissant, la galerie supérieure de la coupole est si élevée, que ceux qui se trouvent dans l'église font l'effet de véritables pygmées.

Après avoir suivi divers passages, pendant lesquels le rétrécissement de la calotte soumettait nos personnes à une courbe pénible et prolongée, nous sommes parvenus à la lanterne, et, plus haut, dans la boule, à l'aide d'une échelle en bronze et d'un étroit passage par lequel j'ai eu de la peine à m'introduire ; on y peut tenir douze fort à l'aise : le tout était d'y pénétrer.

Les professeurs de gymnastique trouveraient encore à exercer leur talent en montant sur la croix extérieure. Je me suis privé de cet exercice qui m'a semblé au moins fort inutile, et au besoin fort dangereux.

Il en est du dôme de Saint-Pierre comme de toutes les positions élevées. Parvenu au faîte il faut redescendre, ce qui paraît plus agréable, en fait de monuments, que lorsqu'il s'agit des grandeurs sociales, pour lesquelles il est rare de ne pas éprouver des regrets.

J'avais vainement cherché à me rendre compte,

lors de mes précédentes visites à Saint-Pierre, de l'emploi de certains roseaux placés auprès des confessionnaux qui décorent la base des piliers soutenant la grande coupole : — je ne devais pas tarder à être renseigné.

Ces confessionnaux sont dévolus dans chaque basilique, aux pénitenciers qui, seuls, ont le privilége de relever des cas réservés dans les grandes circonstances, suivant le degré de contrition du pécheur : parfois aussi en faveur des offrandes qui en résultent pour l'église ; le plus souvent, heureusement, leur ministère se borne à effacer, *sans confession*, les simples péchés véniels.

Le coupable s'agenouille, à distance, en face du révérend père ; celui-ci étend sa gaule, le touche sur la tête ; la chose faite, le pénitent reprend sa marche, et ses péchés lui sont remis ; il peut recommencer si bon lui semble, sauf à faire usage du même moyen. Ceci n'étant pas un article de foi, j'ai pu me dispenser d'y croire en toute sûreté de conscience : j'en ai éprouvé des regrets ; j'en aurais fait un fréquent usage, surtout si les péchés mortels avaient pu s'y trouver compris ! C'est, au surplus, fort innocent.

Je m'en rapporte aux nomenclateurs pour vous

décrire tout ce qui mérite d'être cité ; il faudrait un article pour chaque chapelle, chaque tombeau, les pilastres, les voussures, les coupoles, les toiles peintes et les mosaïques qui les imitent en les mettant ainsi à l'abri des injures du temps. Je ne réserve, comme exception, que le bas-relief de Michel-Ange, si justement célèbre sous le nom *della Pieta*; le mausolée de Clément VIII, gardé par deux lions de Canova et véritables chefs-d'œuvre, et celui des Stuarts dont je vous ai déjà parlé. Laissons dans l'oubli le tombeau de Pie VII, où le sculpteur Torswalden aurait dû oublier qu'il se trouvait trop peu payé, et ne songer qu'à la gloire de placer un chef-d'œuvre à Saint-Pierre au lieu d'une mesquine composition très faiblement exécutée.

Ainsi que les rois de France à Saint-Denis, les papes ont, à Saint-Pierre, une niche où ils demeurent après leur mort, jusqu'à ce que leur successeur vienne les remplacer une seconde fois, sans donner lieu aux mêmes intrigues.

LETTRE XVI.

Rome, le.....

Palais du Vatican.   Puisque je ne saurais vous ramener à Saint-Pierre nous, allons parcourir ensemble le palais du Vatican, caché par ses arcades, et qu'il faut chercher, malgré son immensité, ses vingt cours, ses deux cents escaliers et ses dix mille chambres.

On parvient en voiture, en contournant l'église à gauche, et les jardins pontificaux en face, à la principale cour intérieure. La première fois, nous avons suivi le portique, et la double rampe d'un bel escalier nous a conduits à la salle Royale, donnant entrée dans la chapelle Sixtine, où le pape devait assister à *una funzione* en faveur de ses prédécesseurs défunts.

On passe rapidement dans la chapelle Pauline et dans la salle Ducale, devant des fresques détériorées, pour arriver plus tôt aux loges de Raphaël, qui occupent les trois façades des trois étages dé-

Galeries extérieures.   corés en portiques, dont les galeries extérieures ont été peintes à fresque par Raphaël, et dont les grands sujets des voussures sont précédés par les élégantes arabesques qui vont en grimpant le long de ses pilastres.

Avant d'admirer à loisir ces chefs-d'œuvre que l'action du temps efface chaque jour, nous sommes retournés à la chapelle Sixtine, où chaque cardinal s'empressait de se rendre, et où il allait occuper sa place, après une génuflexion souvent pénible, malgré l'assistance du prélat qui l'accompagnait et du maître des cérémonies qui devait l'introduire.

Chapelle Sixtine.

L'évêque arménien, dont le beau visage faisait valoir le riche costume, l'évêque syriaque et l'évêque grec assistaient à la cérémonie. Treize cardinaux, parmi lesquels le supérieur des Camaldules, confesseur du Saint-Père, avec son costume blanc; celui des Minimes en bleu clair, et dix-huit évêques, composaient le clergé.

Sa Sainteté, précédée par le maître des cérémonies, suivie par son cortége, a commencé la messe devant son prie-dieu, et, monté sur son trône ensuite, un cardinal, assisté par d'autres évêques, a continué le saint sacrifice! Cette pompe, cette belle chapelle dont Michel-Ange a décoré la voûte à l'aide de la Création du Monde, et au fond de laquelle il a peint le Jugement dernier, chefs-d'œuvre pas assez éclairés, où il a déployé son génie et où il a exercé sa vengeance en soumettant à un cruel supplice, sous la forme d'un ange déchu, les traits d'un cardinal dont il avait eu à se plaindre ; la figure vénérable de Grégoire XVI, les voix encore plus *vibrantes* de ses chantres particuliers, la solennité des cérémonies, un auditoire choisi, rendaient cette cérémonie fort imposante.

Stanze de Raphaël.
Il faut parcourir d'innombrables salles, corridors, escaliers, et employer plusieurs séances pour voir, en courant, une partie des beautés que contient le Vatican. Les Stanze de Raphaël, au nombre de quatre, désignées sous le nom de chambres de l'Incendie du Bourg, de l'École d'Athènes, d'Héliodore et de salle de Constantin, ont une grande renommée, mieux justifiée, sans doute, à l'époque où la vivacité des couleurs, jointe à la perfection des sujets, faisait mieux apprécier le talent des grands maîtres qui y avaient concouru ainsi que Raphaël. Mais elles sont effacées en partie aujourd'hui par le temps et par l'humidité.

Bibliothèque.
On ne saurait entrer à la Bibliothèque sans une permission spéciale. En outre des livres et des manuscrits précieux qu'elle renferme, on y trouve des statues, des tableaux, des médailles, des camées et un recueil de chartes transcrites sur papyrus. Il

en est de même pour le Musée sacré, où sont placés tous les objets trouvés dans les catacombes et ayant servi aux martyrs de la foi.

Sur les murs d'une des galeries sont représentées toutes les capitales du monde chrétien. C'est là où les dames,—qui ne sauraient être admises dans l'intérieur des appartements, — viennent attendre l'audience que le pape leur accorde dans la sacristie de la chapelle Sixtine.

On pénètre dans le Musée par une grande et belle grille, laissant d'abord des inscriptions la plupart mutilées, ensuite des tombeaux, après lesquels des statues. A gauche, le nouveau Musée fondé par Pie VII pour suppléer à l'insuffisance du précédent; au-delà d'autres salles, la galerie dite des *Animaux*; et, parmi tous ces chefs-d'œuvre, d'autres chefs-d'œuvre, tels que le Méléagre, Persée, Antinoüs, le Laocoon, et l'admirable Apollon du Belvéder, séparés par des sarcophages, des bas-reliefs, et placés sous des portiques dans le jour le plus propice. D'autres salles conduisent au *Musée Pie* : chacune a son nom propre; celle dite des Statues est dévolue aux empereurs et aux déesses; celle des Bustes contient cependant un Jupiter prêt à lancer la foudre. Dans *le cabinet*, Pie VI a réuni quelques sujets légèrement vêtus, entre autres, Pâris donnant la pomme et Vénus sortant du bain.

Une vasque de la plus grande dimension, posée sur une belle mosaïque, forme le centre *de la rotonde*, entourée par de colossales statues, et où l'on montre les tombeaux en porphyre de sainte Constance et de sainte Hélène.

En sortant, un bel escalier conduit à l'étage supérieur.

Musée Égyptien.

Je voudrais vous parler avec connaissance de cause des papyrus et des hiéroglyphes que le pape actuel a réunis dans le Musée égyptien. J'aime mieux vous montrer les charmantes statuettes en bronze, les vases étrusques, des ustensiles curieux et quelques peintures imitées avec bonheur des anciens.

Si je n'avais pas mis autant d'empressement à vous faire connaître *les Stanze*, elles prendraient ici leur place; il ne me reste de l'enfance, — cet âge heureux où tout est avenir, et dont je m'éloigne depuis si long-temps, — que de ne pas savoir attendre. Je suis payé cependant pour reconnaître que l'âge mûr ne laisse que des souvenirs et des regrets, sans donner place aux illusions !

Il est encore des galeries où se trouvent d'autres

chefs-d'œuvre, où j'aurais à citer des toiles sublimes, dues au pinceau del Barrochio : la Communion de saint Jérôme par le Dominiquin ; la Descente de Croix du Caravage ; de nombreux Raphaël, des merveilles du Pérugin et de tant d'autres, parmi lesquelles mon amour-propre national se plaît à inscrire le nom du *Poussin*, qui n'y est nullement déplacé.

Mais rien ne lasse autant, je vous l'ai déjà dit, qu'une admiration trop long-temps excitée par un même sujet. C'est le regret que l'on éprouve à Rome, où, après le Vatican, le palais du Quirinal, l'immense Musée capitolin et toutes les églises ; les galeries particulières sont aussi nombreuses que justement renommées, et où l'on se blase à force de regarder.

Je voudrais vainement vaincre cette impression, mais elle se renouvelle trop souvent pour que je ne sois pas convaincu de sa réalité. Songez que nous sommes encore au Vatican et que je ne vous ai pas parlé de la centième partie des tableaux sur lesquels notre érudit cicerone ou les classiques custodii ont attiré notre attention, et encore peut-être, trouverez-vous que je ne vous ai pas suffisamment épargné les redites. Mais, hélas ! les mots sont rares pour exprimer les choses, et quand celles-ci sont innombrables, on a beau en retrancher, à moins de ne rien dire, il faut encore se répéter!

Au sortir de ces galeries, et la tête remplie de leurs images, surtout quand on y est revenu plusieurs fois, on parcourt celles des Tentures et ensuite celles où sont classés d'autres bronzes antiques plus récemment découverts, et dont le nombre ainsi que la variété ne sauraient diminuer le mérite.

Ici se termine mon récit du Vatican, et si je me permets de vous en parler de nouveau, ce sera au sujet de l'audience du Saint-Père que j'en trouverai l'occasion. Jugez ce qui me serait advenu si je vous avais fait parcourir les dix mille chambres qui s'y trouvent, et combien vous eussiez eu raison de me laisser en route!

LETTRE XVII.

Rome, le.....

Cette crainte de vous fatiguer peut me forcer à abréger mes descriptions, mais ne saurait m'empêcher d'écrire. Nous sommes au centre des merveilles de tous les âges; l'histoire nous entoure de ses souvenirs. Il n'est pas un monument entier, détruit ou seulement à moitié ruiné, qui ne rappelle un triomphe, un grand peuple, une série de souverains ou de saintes victimes; et même l'édification des églises modernes en illustrant le règne des pontifes, a souvent donné lieu à des actes d'un vandalisme impardonnable. Je me borne, pour le moment, à vous le dire; je me réserve de vous le prouver ensuite.

La place Colonna est au centre del Corso, à droite, en montant vers le Capitole; au fond est la nouvelle direction des Postes, dont le service est loin d'être aussi régulier que la façade.

Postes d'Italie.

S'il est permis de redire qu'un beau désordre, *etc.*, messieurs les employés sont des artistes sublimes. On ne comprend pas qu'une administration de cette importance soit aussi négligée. Chacun, en Italie est obligé de faire prendre ses lettres au bureau. La nonchalance des rares commis qui répondent à l'exigence de la foule, ne laisse aucun doute sur la négligence avec laquelle ils ont fait leur travail. Sur quatre lettres, il est bien rare qu'il n'y en ait une de perdue, — qui, parfois, se retrouve six mois après; de plus, il arrive souvent qu'un mari curieux ou qu'un amant jaloux viole impunément les secrets les plus intimes, puisqu'il suffit de payer le port pour obtenir sans contrôle les lettres que l'on réclame au nom de la personne à laquelle elles sont adressées. Il en résulte bien des mécomptes, qui seraient probablement aussi funestes en France, sans le soin extrême que l'on met à les prévenir.

Colonne Antonine. A droite et à gauche de cette place régulière sont de beaux palais, et au centre la colonne de Marc-Aurèle Antonin, précédemment placée au centre du Forum et portant le même nom.

Cette colonne élégante au haut de laquelle on parvient par un escalier en spirale, revêtue de bas-reliefs en marbre rappelant les exploits du grand capitaine qui ne s'attendait pas à voir sa statue supplantée par celle de saint Paul, de même que le saint apôtre ne doit pas être peu surpris de trouver à ses pieds les trophées des victoires remportées sur des Germains belliqueux et barbares, est d'un bel effet.

Ces solécismes sont fréquents; il faut apprendre à s'y résigner.

Place Monte-Citorio. Derrière est la place de Monte-Citorio, où vous verrez l'obélisque solaire venu d'Egypte et le palais où se rend la justice. N'ayant heureusement rien à démêler avec elle, nous nous sommes contentés de voir tirer la loterie sur son balcon de marbre, sans autre intérêt que celui d'une curiosité peu satisfaite.

La première station obligée en entrant à Rome est celle de la douane, où le simulacre de visite n'est qu'une simple formalité, grâce aux pourboire, qui deviennent, en revanche, une absolue nécessité ; à ce prix, on peut frauder impunément et même sans scrupule ; mais on s'occupe peu, pressé que l'on est de se soustraire à cette fatigante corvée, d'examiner ce monument.

Cependant, la douane occupe l'ancien temple dédié à Antonin-le-Pieux ; des porte-faix remplacent les licteurs ; un commis tient lieu de grand-prêtre. Les balances ne ressemblent guère aux trépieds sur lesquels on brûlait les parfums : quant aux victimes de cette inquisition *fiscale*, elles s'en tirent à bon marché, pour peu qu'elles soient initiées au moyen de désarmer leurs bourreaux.

Temple d'Antonin-le-Pieux.

La façade seule est la même sauf de nombreuses restaurations ; ses belles colonnes, soutenant un large et riche entablement, donnent la plus haute idée de cet antique monument (2ᵉ siècle).

Un obélisque égyptien surmontant une fontaine, marque le centre de la place du Panthéon et nuit au monument. On aimerait à voir ce beau chef-d'œuvre dominer encore tout ce qui l'environne à l'aide des sept degrés qui conduisaient à son péristyle; l'exhaussement du sol qui l'environne donne lieu, au contraire, à une pente assez rapide.

Panthéon.

Ce temple fut érigé l'an de Rome 727, vingt-six ans avant l'ère chrétienne, en l'honneur de Jupiter Tonnant. Huit immenses colonnes en granit et d'un seul morceau supportent le fronton et forment sa façade. Quatre colonnes pareilles sont placées de chaque côté du vestibule qui précède la rotonde fermée par des portes d'airain, seulement éclairée par le centre de sa coupole, laquelle est supportée par des colonnes en marbre de Sienne, et dont les nobles proportions ont seules semblé dignes de servir de modèle, ainsi que je vous l'ai déjà dit, à la coupole de Saint-Pierre.

Les caissons de la voûte sont dépouillés de leurs rosaces; les niches principales ne contiennent plus les dieux et les empereurs auxquels elles avaient été destinées, pas plus celle de Jupiter que les autres; et cependant c'était à ces statues que le temple avait dû sa conservation lors des irruptions des barbares. Ceux-ci, voyant qu'il était dédié *à tous les dieux*, craignirent de commettre un sacrilége en les enlevant, puisque ceux qu'ils adoraient s'y trouvaient compris, et leur religion l'emporta sur leur vandalisme.

Boniface IV le consacra aux saints martyrs, et le pape Urbain VIII, plus barbare que les Vandales, fit servir ces bronzes précieux, comme atteints de paganisme, à fournir la matière du Baldaquin de Saint-Pierre et à fondre quelques canons sans emploi au château Saint-Ange.

Si cet édifice, qui a près de dix-neuf cents ans, inspire l'admiration par la hardiesse et par l'élégance de ses proportions, jugez de ce qu'il devait être alors qu'il contenait toutes ses gloires.

Raphaël, qui le considérait avec raison comme le chef-d'œuvre de Rome antique, avait demandé à y être enterré; son tombeau était placé sous la chapelle de la Vierge. Sept autres autels séparent ses colonnes, et sous son sol, reposent les ossements des saints martyrs que Boniface IV y avait réunis.

Permettez-moi de donner place à un sot récit provoqué par le souvenir du Panthéon.

J'assistais à un sermon le jour de la Toussaint, dans une église de village — pas trop éloignée de Paris; — le bon curé, pour l'édification de son auditoire, racontait de son mieux tout ce qui pouvait venir en aide à son sujet, déjà si fécond par lui-même si l'on consulte le Martyrologe : « Oui, chrétiens, mes frères, leur disait-il, le nombre des saints que nous fêtons aujourd'hui est si considérable, que la terre ne suffirait pas si on voulait édifier à chacun une église. Alors, un saint pape, — dont j'oublie le nom, — voulut, pour les honorer tous, leur consacrer une église de Rome ! Elle était si belle, que, n'espérant rien faire de mieux et pour placer plus en vue ce souvenir religieux, un autre pape la fit enlever tout entière et l'employa, telle qu'elle était, à former la coupole de Saint-Pierre, dont elle fait aujourd'hui le principal ornement. »

Le bon curé avait lu quelque part que la coupole de Saint-Pierre avait les dimensions du Panthéon ; il en avait conclu que c'était le temple lui-même qui s'y trouvait employé, et le racontait ainsi, au grand ébahissement de la majeure partie de ses paroissiens et au parfait contentement de quelques autres.

Derrière, sont les ruines des Thermes d'Agrippa, les premiers construits dans Rome. On a voulu prétendre que le Panthéon était destiné à leur servir d'entrée, mais les savants affirment le contraire ; ils s'accordent aussi — chose rare — pour proclamer que rien ne saurait être comparé au Panthéon. Nous avons eu le regret de ne pouvoir y revenir, par suite du débordement du Tibre, dont les eaux vaseuses l'envahissent et sont long-temps à s'écouler.

Sur la place de la Minerve un éléphant supporte un obélisque. Dans l'église, une statue du Christ portant sa croix, chef-d'œuvre de Michel-Ange, et dont le pied a été chaussé d'un cothurne en bronze pour le soustraire à la mutilation lente, mais certaine, résultat des dévots baisers de la foule chrétienne; on en est quitte, par ce moyen, en lui faisant changer de chaussure.

Place et Église de la Minerve.

Un beau maître-autel, de riches chapelles dont l'une renferme deux superbes tombeaux. Ceux des papes Léon X, Clément VII, Benoît XIII, Paul IV. Ceux de plusieurs cardinaux, et celui, plus modeste, du frère Ange de Fiessole. De belles fresques, de nombreux tableaux, parmi lesquels ceux que l'on montre dans la sacristie sont les plus précieux, et une bibliothèque riche par le nombre et par le mérite des éditions qu'elle renferme.

Citer le nom des artistes qui ont concouru aux travaux en tous genres que j'aurais à vous signaler, ou vouloir les décrire en détail, serait courir le risque, sauf quelques exceptions, de tomber dans de graves erreurs ou entreprendre un travail au-dessus de mes forces.

Méfiez-vous des *cicerones* qui prétendent tout savoir; les meilleurs se trompent fort souvent, ce que leur aplomb imperturbable n'empêche pas de reconnaître. Comment en serait-il autrement, alors que les auteurs eux-mêmes ne sauraient parvenir à se mettre d'accord !

Contentons-nous d'admirer ensemble ce qui nous paraîtra véritablement beau, et ne recherchons les origines que quand la célébrité des grands maîtres devra les rendre incontestables.

LETTRE XVIII.

Rome, le.....

Capitole.

Nous n'avions pas les mêmes raisons pour nous poser en triomphateurs et pour dire : — Montons au Capitole. — Mais notre désir d'y arriver n'en était pas moins vivement excité; aussi avons-nous laissé sur notre route bien des choses auxquelles nous reviendrons.

C'est sur cette colline, nommée d'abord Saturnia, ensuite Tarpéius, et enfin mont Capitolin lorsqu'il dut recevoir le temple de Jupiter trois fois incendié depuis, que les premiers Romains avaient tracé leur camp ; c'est là que la chaumière de Romulus a devancé les fastueux palais des empereurs appelés à lui succéder.

On y parvenait par le côté qui fait face au Forum, et de ses trois entrées, une était réservée aux empereurs ou aux vaillants généraux qui revenaient dans la mère-patrie chargés des dépouilles de ses ennemis, traînant, enchaînés à leur char, des rois devenus esclaves.

On y monte aujourd'hui par une vaste rampe dont la balustrade supporte, à sa base, deux noirs lions vomissant de l'eau, et qui se termine par deux statues, des trophées et deux colonnes milliaires qui ferment la place. Au centre, la statue *équestre* de Marc-Aurèle, — la seule de ce genre qui se trouve parmi les antiquités romaines. — Au fond le Capitole, reconstruit dans le xiv° siècle ; à sa gauche, le palais des conservateurs, dont la cour renferme des tronçons de colosses, parmi lesquels la tête seule de Caligula fournirait la matière d'une statue ordinaire, et le groupe antique d'un cheval dévoré par un lion. Les salles inférieures servent de musée aux grands hommes des temps nouveaux.; celles du haut contiennent des fresques, des tableaux, des bustes, presque tous modernes, sans manquer pour cela de mérite.

Musée Capitolin.

A droite, le Musée, où les cours les vestibules et les salles sont encombrés d'objets antiques de divers genres, dont je vais vous faire un bref récit.

Un autel dédié à Hercule et sur lequel sont retracés ses principaux travaux. Un tombeau colossal d'Achille, en marbre, dont les figures sont bien traitées ; un Silène et un Faune ; le Discobole, un buste de Jupiter, un vase en marbre posé sur un autel sculpté ; la Chasse au sanglier, Endymion et son chien ; la statue assise d'Agrippine et deux Centaures ; de nombreux portraits d'empereur, une scène bachique, une femme faisant toujours danser un chat ; deux statues de Jupiter et d'Esculape, une Diane, un Faune en rouge antique ; la belle statue du Gladiateur dont l'origine est incertaine ; l'Antinoüs capitolin, et, enfin, dans une salle qui fait l'objet d'une exception, deux Vénus, dont celle dite du Capitole peut soutenir toutes les comparaisons, et l'Amour et Psyché, ravissante création due au ciseau d'un artiste inconnu mais sublime.

Voilà, en peu de mots, ce que j'ai préféré après

plusieurs séances et ce dont le souvenir m'inspire autant d'admiration que de fatigue.

« La Roche Tarpeïenne est près du Capitole, » aussi devions-nous en prendre le chemin. Après avoir monté plusieurs marches, parcouru une rue grimpante, frappé à une porte bâtarde et pénétré dans un petit jardin, nous apprîmes, avec le plus cruel désappointement, que nous étions sur le lieu renommé où les traîtres à la patrie devaient subir leur peine et être précipités dans le gouffre.

La Roche Tarpeïenne.

Le chef des licteurs était un sale jardinier, la Roche célèbre était couverte de chétives laitues, et le gouffre était tellement comblé qu'il ne pouvait prêter à la moindre illusion. Les chants joyeux des muletiers, dans la cour d'une auberge voisine, ne ressemblaient en rien à des cris de détresse, aux déchirements de l'agonie, et tout semblait s'accorder pour dépoétiser les émotions auxquelles nous nous étions préparés d'avance.

Je ne saurais partager l'enthousiasme de commande au sujet de l'église de l'Aracœli, construite sur le sol du temple de Jupiter Capitolin; elle m'a laissé le regret de le voir aussi mal remplacé.

Eglise de l'Aracœli.

Nous eussions pu, modernes Curtius, franchir avec moins de danger la Roche Tarpeïenne pour parvenir au Forum; mais ne devant y trouver ni gloire ni profit, nous sommes revenus simplement sur nos pas pour suivre la rue courbe qui y conduit en descendant du Capitole et voir les restes de l'escalier appendu à ses murs, par lequel montaient les triomphateurs !

Après avoir parcouru l'antique voie, naguère déblayée, et aux deux côtés de laquelle on trouve huit colonnes, restes du temple de la Fortune et celles plus grandioses du temple de Jupiter Tonnant, un portique montre la place où les principales divinités, au nombre de douze, se laissaient adorer dans autant de salles séparées ; c'est le chemin que l'on prend pour arriver sur le sol antique et au pied de ces monuments. Au-delà est l'arc de triomphe de Septime-Sévère, où s'arrêtent, sauf un passage souterrain, les travaux de déblayement auxquels l'on doit la découverte de l'ensemble des monuments de cette partie du Forum. Ce passage conduit au pied de la colonne Phocas. Le sol actuel est plus élevé de douze à quinze pieds; il en est ainsi dans tout Rome, et nul n'a pu m'en apprendre la cause.

On comprendrait que des barbares, à la suite d'une invasion, eussent ruiné des édifices et recouvert leurs fondations pour faire disparaître leur trace; mais le surhaussement général d'une ville aussi grande, ne saurait s'expliquer, et cependant il est réel. — Napoléon-le-Grand en aurait fait justice pour tout ce qui recouvre le sol primitif des monuments;—déjà, d'après ses ordres, on avait commencé; il lui faudrait des successeurs, et charger le Tibre de porter à la mer ces terres importunes, si on voulait se dispenser de les répandre autour de ses murs.

Une rampe opposée remonte au Capitole. A son début on trouve à droite l'église de St-Joseph, dans les souterrains de laquelle saint Pierre fut emprisonné, et où, pour souvenir, il laissa un miracle. Avant, c'était le lieu des prisons Mamertines, et ses devanciers n'avaient pas, ainsi que lui, l'espérance et la foi pour rassurer leurs âmes.

Église de Saint-Joseph.

On voit, au sommet de la voûte, l'ouverture par laquelle on descendait les prisonniers; — il est heureusement permis aux visiteurs d'employer un moyen plus commode pour y parvenir.

LETTRE XIX.

Rome, le.....

J'aurais dû vous dire, avant d'entrer dans Rome, que l'enceinte primitive, qui se bornait au mont

Palatin et plus tard au mont Capitolin, contient aujourd'hui douze collines sur lesquelles la ville est plus ou moins bâtie, mais qui ont chacune leur célébrité.

Collines de Rome.

Les plus anciennes, qui lui ont fait donner le nom de *la Ville des Sept Collines*, sont : le mont Palatin, le mont Capitolin, le mont Quirinal, le mont Cœlio, le mont Aventin, le mont Esquilin, et le mont Viminal. Ensuite et successivement, le mont Janicule, le mont Pincius, le mont Citorio, le mont Testaccio et le mont Vatican sont venus en augmenter le nombre. On n'a pas encore *ouvert les portes* au mont Sacré et au mont Marius, et j'ai peine à croire que les besoins de la population leur procure cette faveur; il faudrait avoir à loger des armées ou des peuples vaincus, et les soldats du pape ne seront jamais assez nombreux ni assez guerriers pour y donner lieu.

Cet oubli réparé, chacune prendra sa place à son tour dans mon récit; pour le moment, nous sommes au Forum ou marché; la voie Sacrée le traversait depuis le Colysée jusqu'au Capitole; on en voit des parties à l'aide des déblaiements qui, plus complets, feraient retrouver des merveilles de l'art ancien. Cet emplacement ainsi surhaussé et montrant encore les vestiges les plus nombreux de la grandeur romaine, avait changé son nom contre celui de Campo-Vaccino, et son emploi, en servant de marché aux bœufs.

L'église Saint-Théodore a remplacé le temple de Romulus et Remus en conservant sa belle façade. Un second temple, dédié de même aux jumeaux, se trouve en face au-delà de la voie Sacrée, et sous l'invocation de saint Côme qui a servi à le protéger. Trois colonnes du temple de Jupiter-Stator, se voyent après et précèdent les ruines grandioses du palais de Caligula sur ce côté du mont Palatin, tandis que le palais des Césars en couronnait la cime et venait aboutir auprès du Colysée. Là ne sont plus que d'immenses ruines. Des arcades superposées servaient à soutenir les voûtes de cet édifice, reconstruit par Néron, qui employa trois mille colonnes à la décoration de ses portiques et fit entrer dans l'intérieur tout ce qu'il put réunir de plus précieux. Des bains, des temples, des statues étaient en nombre tout à l'entour ; il n'en reste que d'immenses vestiges couronnés de pampres, et les jardins Farnèse qui ont aussi depuis été dépouillés des statues et des bas-reliefs auxquels ils devaient leur célébrité. Sur l'autre côté se trou-

Temple de Remus et de Romulus.

Ruines du Palais des Césars.

vent les restes des bains de Titus, construits sur la Maison dorée de Néron, comblée pour supporter ceux-ci. Cette Maison dorée est l'objet de nouvelles fouilles, on y découvre des fresques bien conservées, on a l'espoir d'y rencontrer des marbres précieux ! C'est là que le groupe du Laocoon et la grande vasque en porphyre, transportés au Vatican, ont été retrouvés ; leurs places vides sont demeurées intactes. La dimension de ces souterrains est surprenante.

Des murs en briques sont ce qui reste de la *Curia Hostilia* où se trouvait la tribune aux harangues illustrée par tant de célèbres orateurs.

Le temple d'Antonin et de Faustine, qui dominait l'ancien sol, se voit maintenant enterré à une profondeur de seize pieds. La Faculté de Médecine y tient ses séances. La basilique de Constantin n'a plus aucune forme; l'on ne saurait s'y arrêter en présence de l'arc de triomphe de Titus, qui rappelle tant de souvenirs, et qui, récemment restauré, est riche par son ensemble et élégant par ses nombreux détails. Sur la gauche, le temple de Vénus et Rome montre des coupoles accouplées l'une à l'autre et également en ruines. On a hâte de passer auprès des tronçons mutilés de colonnes de toutes les dimensions et tous de matières précieuses, qui bordent la route et servent de preuve de la ruine des nombreux monuments dont elles faisaient partie, pour arriver plus tôt à l'arc de triomphe de Constantin, placé entre le mont Palatin et le mont Cœlius, à une des extrémités de la place qui les sépare, et qui ne saurait être comparé à aucun autre pour son élégance et sa conservation.

Le Sénat romain voulant perpétuer la gloire de Constantin, et lui ériger un arc triomphal digne de celui qui en était l'objet et du peuple au nom duquel il était décerné, dépouilla le Forum de Trajan de l'un de ses principaux ornements, et l'arc de triomphe de cet empereur dut concourir à l'édification de l'autre. Tel est le sort des gloires de ce monde ! Ce moyen, au surplus, eut un succès complet. La partie supérieure et les bas-reliefs ajoutés sont presque médiocres. En revanche, si ce monument a changé d'objet, on retrouve partout les trophées et le nom de Trajan représenté par des chefs-d'œuvre. Sa base, découverte grâce à des travaux, le montre dans toutes ses proportions, ses trois portiques sont séparés sur chaque face par quatre colonnes cannelées, et les statues qui les surmontent sont du meilleur effet quoique moins

Arc de Constantin.

irréprochables peut-être sous le rapport du travail. En revanche, les faces latérales, les principaux bas-reliefs, les revêtements et les voussures ne laissent rien à désirer. Retranchez le nom de Constantin, nul ne se doutera de la métamorphose !

Derrière sont les restes de l'aqueduc conduisant des eaux lointaines au palais des Césars. Au centre de la place se trouve une masse presque informe et qui ne présenterait aucun intérêt si on ne se disait que c'était la *Meta-Sudans*, fontaine où les gladiateurs vainqueurs et les victimes qui avaient échappé aux bêtes féroces, venaient laver leurs blessures ou étancher leur sueur. A l'autre extrémité, le Cirque ou *Colysée*, commencé par l'empereur Vespasien et terminé par Titus qui, suivant ses contemporains, consacra des jours par centaines et des victimes par milliers pour célébrer son inauguration.

Soit qu'il doive cette étymologie à la statue colossale de Néron qui se trouvait sur son emplacement, soit pour toute autre cause, ce monument était le plus grandiose et le plus magnifique de tous ceux du même genre que Rome renfermait. Sa circonférence était, à l'extérieur, de 1,641 pieds. La hauteur de ses trois rangs de portiques superposés, séparés à chaque étage par des colonnes d'un ordre différent, était de 157 pieds. La longueur de l'arène de 245 et sa largeur de 156. Au-dessus régnait un attique auquel était fixé le Vélarium qui préservait les spectateurs de l'ardeur du soleil, et l'enceinte du cirque pouvait en contenir 100,000. Commencé par des Juifs, les nouveaux chrétiens furent les premières victimes sacrifiées lors des fêtes célébrées plus tard, quatre-vingts ans après Notre-Seigneur.

Après avoir subi deux incendies, des tremblements de terre, avoir servi de forteresse, être devenu le théâtre d'un tournoi et avoir même été transformé en hôpital dans le xiiie siècle, la dévotion mal entendue de deux papes avait conjuré sa ruine pour empêcher que le sang des martyrs qui avait arrosé ce sol devenu sacré, ne fût souillé par un contact profane! Les matériaux qu'ils retiraient d'une partie des enceintes extérieures, servirent à construire plusieurs palais, et ceux Farnèse et de Venise n'ont pas d'autre origine. Ce vandalisme dut avoir un terme; mais ces antiques murs, ébranlés par le marteau des démolisseurs et laissés sans soutiens, se seraient écroulés, entraînant avec eux le surplus de l'enceinte, sans un appui bien nécessaire mais dont on regrette l'utilité.

Les derniers papes ont travaillé avec entente à conserver ce qu'il en reste, et Rome leur devra la durée de ce superbe monument. Ses arcades coloriées par le temps, ses gradins inégaux, la riche végétation qui s'est fait jour dans les interstices, la vue dont on jouit à mesure que l'on s'élève, ses cinq rangées de voûtes dans les parties qui sont demeurées entières, l'immensité des pierres qui les composent, l'élégance des proportions de ses arcades et des colonnes qui les séparent, ne sauraient manquer de produire une grande impression.

Le Colysée vu aux flambeaux. Il faut encore y venir aux flambeaux ; c'est un spectacle tout différent, cette promenade nocturne a quelque chose de mystérieux ; on semble évoquer à la lueur des torches les antiques souvenirs des fastes d'un grand peuple, et ceux demeurés dans l'arène peuvent y voir des feux follets ou les âmes errantes des victimes du fanatisme ou de la superstition.

Au centre de l'arène est placée une croix de bois, à l'entour quatorze autels, à l'un des côtés une vaste chaire. A chacun de ces autels sont attachées des indulgences. — L'intention était bonne, sans doute, puisqu'à l'aide de cette consécration on mettait obstacle aux spoliations qui dégradaient chaque jour cette enceinte. Mais j'aurais préféré des grilles extérieures ou un nombre suffisant de gardiens. La mesquinerie de ces chapelles au milieu de cette immensité, prête au ridicule.

Tout ce qui tient à la religion devrait être grand et vénéré, surtout à Rome.

Un jour entr'autres, nous fûmes tirés de notre contemplation par le son d'une cloche qui précédait un capucin indigne, suivi d'un petit nombre de fidèles déguenillés, et qui fut prendre possession de la chaire — par trop semblable à un traiteau, où il se démenait à plaisir. Ma première impression fut pénible, je l'avoue, ensuite je voulus entendre, et je fus confondu de l'éloquence et de l'onction du prédicateur en plein vent; je sus après qu'il était renommé à juste titre, et que son auditoire était souvent aussi nombreux que distingué!

J'ai hâte de finir. Il vous faudra plus de temps pour lire ma lettre que pour faire le tour du Cirque, et ce ne sera pas, malheureusement pour moi, avec le même plaisir. Je dois ajouter cependant que les trous profonds qui se voient au Colysée comme dans la plupart des monuments de la même époque, sont le fait des barbares qui, lors de leurs invasions, se sont emparés des crampons d'airain qui reliaient les pierres pour leur assurer plus de durée.

LETTRE XX.

Rome, le....

Je voudrais vous parler d'autre chose que de monuments anciens ou modernes; mais il s'en trouve à chaque pas, et puisque j'ai accepté la mission de tout vous dire, trouvez bon que je m'en acquitte à peu près. Peut-être un jour me blâmerez-vous de n'avoir pas assez dit, de n'avoir pas montré assez d'enthousiasme. Je préférerai ce reproche!

Mont Aventin. Au-delà des monts Palatin et Cœlio se trouve le mont Aventin, qui dut son nom à un roi auquel il servit de tombeau. On cite plusieurs temples, des palais et des thermes, dont les traces ont complètement disparu : on va y voir le palais, les jardins de l'ordre de Malte, et l'admirable perspective qui se déploie tout à l'entour.

Palais de Malte.

L'église modernisée de Sainte-Prisque ne présente d'autre intérêt que le souvenir du baptême de la sainte par saint Pierre. Celle de Sainte-Marie, anciennement temple de Cérès et de Proserpine, est désignée sous le nom de *Bocca della Verita*, et sert aux nourrices à épouvanter les enfants menteurs. — Combien je connais de grandes personnes auxquelles on devrait faire subir la même épreuve! Enfin, le charmant temple de Vesta en rotonde, dont le pourtour extérieur, formé de colonnes cannelées, sert de vestibule au temple et d'obstacle au public, grâce aux grilles qui s'y trouvent : on y regrette une toiture plus en rapport avec le surplus de l'édifice.

Ancien temple de Cérès et de Proserpine.

Temple de Vesta.

Il faut suivre, et voir les restes de la maison de Térence en face du temple de la Fortune virile, grand monument devenu une église arménienne, et qui, sorti de terre au temps où les Français faisaient oublier leur conquête en rendant à Rome sa splendeur, montre ses belles proportions.

Maison de Térence.

Temple de la Fortune virile.

Là commence le quartier des Juifs, nommé le Ghetto, fermé la nuit, ce qui leur interdit toute communication avec le reste de la ville : rien de plus sale que ses habitants; rien de plus ignoble que leur commerce qui se compose, en apparence, de guenilles ; rien de plus abject que leur langage. Est-ce leur isolement qui en est cause, ou bien,

Ghetto.

au contraire, est-ce la raison qui a motivé leur séquestration? Voilà ce que je ne saurais vous dire! Bientôt, sous un pontife mieux inspiré, cet état de choses devra cesser ; il est trop contraire aux progrès de la civilisation. La persécution provoque la résistance.

Temple de Junon.

Portique d'Octavie.

Les colonnes qui faisaient partie du temple de Junon sont encastrées dans des masures : le portique d'Octavie est attenant à une des anciennes portes de l'enceinte primitive ; auprès se trouvent des mutilations de divers temples, jadis fort étendus et réduits à quelques colonnes. Là fut trouvée la Vénus de Médicis.

Théâtre de Marcellus.

L'aspect de la Poissonnerie ne m'a nullement dédommagé du retard que j'ai éprouvé pour me rendre au théâtre de Marcellus, où le Sénat a tenu ses séances.

Laissez-moi vous dire, en passant, que, sauf quelques rares exceptions, rien n'est moins droit, rien n'est moins large, rien n'est plus sale que les rues de la ville de Rome. Le quartier que nous venons de parcourir l'emporte encore sur beaucoup d'autres ; à côté des plus beaux monuments, sont souvent les rues les plus tortueuses, et lorsque deux voitures se rencontrent, ce qui arrive fréquemment, il faut beaucoup d'adresse pour s'éviter ou beaucoup de patience pour attendre.

Ce théâtre de Marcellus, modèle d'élégance et d'architecture, qui a servi de forteresse et qui est devenu un simple palais, était demi-circulaire et contenait 25,000 spectateurs. Des trois étages qui le composaient, l'étage supérieur a complètement disparu, et les doubles arcades qui subsistent, sont séparées par des colonnes engagées et doivent durer long-temps grâce à leur nouvelle restauration. Il ponte Rotto fut le premier construit en pierre sous le nom de pont Palatin : après diverses vicissitudes, il est demeuré tel que son nom vous l'indique aujourd'hui. Celui dit de Quattro-Capi conduit à l'île Tibérienne, formée, dit-on, par l'amas des gerbes provenant des champs de Tarquin, jetées par le peuple dans le Tibre pour signaler sa haine et sa vengeance, et qui, obstruant cette partie du fleuve, fut recouverte de gravier, puis consolidée et habitée. Là fut construit le temple d'Esculape et un hôpital pour les pestiférés.

Ponte Rotto.

Ile Tibérienne.

L'île prit la forme d'un vaisseau, le temple fut dédié à saint Barthélemy après que son corps y eut été transporté. Une partie était dans l'eau quand nous y fûmes, par suite d'une récente inon-

Église Saint-Barthélemy.

dation : au-dessous, quelques vestiges rappellent, suivant quelques-uns, le théâtre du combat des Horaces, dont j'aurais aimé à vous parler s'il restait à en dire quelque chose, et surtout s'il ne semblait avéré que ce beau fait d'armes et cet acte d'un noble patriotisme se sont passés ailleurs.

Voilà ce qui me décourage à chaque instant dans les récits que vous exigez : — tout ce qui appartient à l'histoire est connu !

Les triomphes des premiers Romains, le martyre des premiers chrétiens, qui peuvent fournir tant d'épisodes palpitants d'intérêt; la vie des anciens papes, les vertus du plus grand nombre, les scandales de quelques-uns; plus récemment, l'invasion des Français, leurs travaux pour faire pardonner leur usurpation politique, à l'aide des bienfaits qui devaient faire renaître Rome de ses cendres, et relever, par le contact avec leur gloire, l'esprit populaire dès long-temps avili; la pompe des cérémonies religieuses, l'éclat des anciens monuments, les trésors de peinture et de sculpture; tout a été dit et redit si souvent, qu'il n'est plus permis d'en faire usage pour prêter quelque charme à son récit.

Que reste-t-il, dès lors?

Le mérite de la soumission et l'abnégation de tout amour-propre.

En revenant, nous verrons près du Forum Boarium, l'arc de Janus-Quadrifronti, sorte de Bourse où les marchands se trouvaient à l'abri, et pouvaient circuler librement à l'aide de ses quatre portiques. Auprès, les vestiges de l'arc de triomphe édifié par les mêmes marchands en l'honneur de Septime-Sévère, sont réunis à une église, et montrent encore de nombreux bas-reliefs. Le clocher de cette église, par son genre d'architecture, sert d'intermédiaire à deux époques bien éloignées.

Forum Boarium. Arc de Janus-Quadrifronti

Je ne saurais quitter ces lieux sans vous montrer la Cloaca-Maxima, immense égout qui portait au Tibre, auprès du ponte Rotto, les immondices de cette partie de la ville, et dont la longueur, les proportions et le travail se font encore admirer.

Cloaca-Maxima.

La pyramide enclavée dans les murs d'enceinte, qui semblent s'être détournés dans le seul but de la contenir, est le tombeau de Caïus-Sextius. Cette vaste sépulture, érigée d'après les ordres des septemvirs et entièrement restaurée dans la suite, est auprès de la porte d'Ostie, — aujourd'hui porte de Saint-Paul. Au-delà et à une assez grande distance se trouve la basilique du saint apôtre, en-

Tombeau de Caïus-Sextius.

Basilique de Saint-Paul.

tièrement consumée en 1823 à la suite d'une imprudence, et que le monde chrétien s'est cotisé pour reconstruire ; ce qui s'opère lentement, ainsi que tous les travaux entrepris à Rome.

Le 13 juillet 1823, la plus ancienne, la plus vaste, la plus grandiose, la plus riche basilique de la chrétienté, édifiée par Constantin sur le lieu même où les restes du saint martyr avaient été déposés après son supplice, depuis considérablement augmentée, pour laquelle on avait mutilé les monuments les plus renommés, tels que le mausolée d'Adrien qui avait fourni ses plus belles colonnes ; dont des marbres précieux formaient le sol, dont des mosaïques autant colossales que riches faisaient l'ornement ; dont les cinq nefs, dont les 132 gigantesques colonnes en marbre et en granit semblaient se jouer dans l'espace ; dont les portes en bronze venaient de Constantinople ; dont le péristyle seul semblerait un temple à cause de son immensité ; où l'on n'avait pas construit de plafond, pour mieux montrer le nombre et les dimensions des cèdres venus du mont Liban pour concourir à sa toiture, devenait la proie des flammes, par la faute d'un ouvrier chargé de réparer cette toiture, et qui, laissant son réchaud en contact avec ces bois si desséchés, vit en un instant se propager l'incendie avec une furie qui ne laissait aucune chance. Les colonnes, entraînées par le faîte, couvraient le sol de leurs tronçons épars : celles qui demeuraient droites étaient fendues sur toute leur longueur. Les mosaïques coulaient en laves brûlantes ; l'autel, les portes, tout ce qui se trouvait en bronze se répandait comme une mer de feu : il ne restait de ces magnificences qu'un spectacle palpitant d'horreur, et la crainte, pour les âmes dévotes, de voir consumer aussi les saintes reliques que ce lieu contenait.

Deux ans après, une bulle du pape Léon XII en ordonnait le déblai et la reconstruction. La partie du chœur est terminée ; on y arrive par le cloître, entouré de colonnettes torses et jumellées incrustées de mosaïques, soustrait seul à l'incendie, et que la plupart des religieux sont obligés d'abandonner annuellement, pour échapper à l'influence de la Mal-Aria.

Ce chœur, d'un style noble, orné de récentes mosaïques, sera réuni plus tard à la nef. Un mur, au-delà duquel se trouve l'antique autel restauré, ne tardera pas à disparaître ; il protége, en attendant, le recueillement des fidèles contre le tumulte des ouvriers.

Vous trouverez, sans doute, assez curieux d'apprendre que le pacha d'Égypte a voulu concourir aussi à la réédification de Saint-Paul, et que de superbes colonnes d'albâtre oriental sont venues du Caire, en son nom, pour être placées dans le chœur.

Que dira Mahomet de cet hommage inattendu?

LETTRE XXI.

Rome, le.....

La Mère Macrina Mieczyslawska.

Tout Rome était en émoi au sujet de la récente arrivée de la Mère *Macrina Mieczyslawska*, supérieure du couvent des Filles-de-Saint-Basile, fondé à Minsk, qui, après avoir échappé par miracle à ses persécuteurs, venait rendre compte au Saint-Père de sa conduite et lui demander justice et protection.

Descendue dans la maison du Sacré-Cœur dirigée par madame de Coriolis, il m'était facile de la voir et d'être exactement renseigné.

Le prochain voyage de l'empereur de Russie donnait plus d'importance à cet évènement, et Grégoire XVI, décidé à remplir ses devoirs, avait intérêt à connaître toute la vérité.

Avant de consentir à la voir et à l'entendre, le cardinal Mezzofanti, ce vocabulaire vivant de toutes les langues connues, fut chargé par le pontife de l'interroger, et un secrétaire devait transcrire ses réponses.

Après le repos exigé par un aussi long voyage et par les plaies dont elle était encore couverte, cet interrogatoire fut commencé : il employa trois journées et six séances de plusieurs heures, à la suite desquelles le cardinal fut rendre compte au Très-Saint-Père, d'un martyre qui ne pouvait être surpassé que par la grandeur d'âme, la résignation et le courage de la noble femme, qui avait trouvé dans la foi et dans l'accomplissement de ses devoirs, la force nécessaire pour y résister.

Le soir même, tous les cardinaux furent lui faire une visite officielle, et le lendemain, Grégoire XVI lui prodiguait les témoignages les plus touchants de son approbation et de sa sympathie.

Pendant ce temps, M. de Boutenieff préparait à grand'peine un rapport qui ne pouvait tromper personne, et qu'il était d'ailleurs si facile de réfuter, que l'astuce du diplomate devait succomber devant les accents de la vérité.

Voilà ce que j'ai recueilli à une source certaine.

L'autocrate de toutes les Russies, trop habile pour ne pas comprendre les avantages qui résultaient pour lui, du concours que la suprématie religieuse ajoutait à sa puissance comme souverain de son vaste empire, voulut employer ce moyen pour s'assurer la soumission d'une partie de la population polonaise, que le prestige de la foi sainte et l'esprit de nationalité devaient maintenir en hostilité contre lui. Il crut devoir prescrire le prosélytisme, et l'apostasie fut ouvertement récompensée.

Au nombre des premiers qui sacrifièrent leur devoir à leur ambition, fut l'évêque *Siemaszko*, et une fois dans la voie de l'infamie, il devint le plus ardent persécuteur de ceux qui, persistant dans leur foi, lui semblaient condamner sa conduite.

La réputation de vertu des Filles-Basiliennes de Minsk, la haute renommée de leur supérieure issue d'une première famille de la contrée, dut stimuler son zèle et ses rigueurs.

Leur résistance devait provoquer le martyre; leur persécuteur se promit de ne les soustraire à aucune de ses angoisses.

Déjà ses rapports à l'empereur, comme chef de la nouvelle Eglise qui devait supplanter saint Pierre et ses successeurs de Rome, avaient valu à Siemaszko de nombreuses récompenses : il voulut les justifier et en mériter d'autres.

Les sœurs de Saint-Basile reçurent l'ordre d'abjurer. Les promesses ni les menaces ne purent obtenir qu'un refus unanime. Alors, malgré les supplications de la population entière, leur exil fut prononcé, et l'évêque, s'appuyant sur un rescrit de l'empereur qui semblait approuver sa conduite, leur fit quitter leur pieuse demeure, en ne leur laissant emporter que la croix vénérée, à laquelle elles demandaient de maintenir leur force à la hauteur de leur persécution.

Ce fut ainsi, qu'après plusieurs jours d'une marche forcée, sans secours et presque sans nourriture, elles arrivèrent à Witepsk au milieu des preuves de la plus vive sympathie, pour être confondues avec le rebut de la population.

Là les attendaient de cruelles souffrances : enchaînées deux par deux, employées aux travaux les plus durs, n'ayant que la terre pour lieu de repos, privées des vêtements les plus nécessaires, ayant à peine de quoi se soutenir ; chaque jour on renouvelait les offres les plus brillantes pour le prix de leur apostasie, ou la menace de traitements bien plus cruels si elles persistaient dans leur refus; aucune de ces saintes victimes n'eut la pensée d'y succomber. Alors la flagellation fut ajoutée à leurs souffrances : deux fois par semaine elles y furent condamnées, et plusieurs succombèrent sous les coups, sans murmurer et sans se plaindre, mais en priant avec ferveur !

Enfin, après deux années, elles furent conduites à Polotsk, et de là à Spos où elles durent servir de manœuvres aux maçons employés à construire un palais pour leur persécuteur. Là, par un raffinement de cruauté, elles étaient nourries avec du hareng salé sans qu'il leur fût permis de boire, et comme leurs rangs éclaircis faisaient craindre au bourreau de ne plus retrouver de victimes, on leur rendit, de deux jours l'un, du pain et un peu d'eau pour se désaltérer. Mais aussi tentait-on de les faire entrer dans le temple par force, et pour punir leur résistance invincible, Siemaszko, dans sa colère, portait à la Mère Macrina un coup de poing tel, que neuf de ses dents étaient déracinées. Ensuite on les plongeait, en les tenant par les cheveux, dans un lac dont l'eau était glacée, et d'où on les retirait au moment où elles étaient presque suffoquées, pour leur redemander d'abjurer, et sur leur nouveau refus on les y replongeait encore pour recommencer à plusieurs reprises.

Une fois elles furent livrées à des paysans abrutis par la boisson, et si Dieu permit qu'elles demeurassent vierges, un grand nombre périt à la suite du long supplice qu'elles avaient préféré à l'opprobre !

La malheureuse Macrina avait toujours plus à souffrir que ses compagnes ; son crâne avait été brisé, — elle en montrait la place vide.

Enfin Dieu prit pitié des quatorze victimes qui restaient encore. Un jour de fête, leurs gardiens s'enivrèrent tellement, qu'elles parvinrent à s'enfuir. Les arbres de la cour leur servirent à parvenir sur le faîte du mur. Une neige épaisse amortit leur chute de l'autre côté. Là, chacune suivit un chemin différent pour moins éveiller les soupçons. Macrina se jeta dans les bois en cherchant à s'orienter, n'ayant pour nourriture que les racines de quelques plantes ; tantôt une cabane de bûcheron lui servait de refuge ; tantôt le voisinage d'un troupeau lui procurait les moyens de se réchauffer grâce au contact de ses toisons. Quelques bonnes âmes lui vinrent en aide, mais en secret, tant le châtiment eût suivi de près leurs témoignages de compassion.

Il lui restait à franchir la frontière, et cette épreuve était la plus dangereuse. Mais elle pensait que celui qui l'avait conduite au travers de tant d'écueils ne l'abandonnerait pas. Elle comprenait que sa tâche n'était pas remplie, et qu'elle devait dévoiler à la face du monde chrétien ce tissu d'horreurs et d'infamies. Un berger suivait la même route ; il la prit pour la complice de quelque contrebandier ou pour une criminelle qui cherchait à se soustraire aux poursuites de la justice ; il la fit placer au centre de ses bœufs, et ce fut ainsi qu'elle put quitter le sol d'une patrie où, depuis sept années, elle n'avait fait que changer de supplice.

L'archevêque de Posen fit constater ses plaintes et transcrire son récit qu'il adressa à Rome. Peu de temps après, elle se mettait en route pour chercher, aux pieds du pape, la palme due dans ce monde à son martyre.

La simplicité de sa narration, le charme de ses paroles, sa tenue noble et modeste, sa force d'âme sainte, sa résignation, faisaient le sujet de tous les entretiens. Les personnes les plus distinguées sollicitaient la faveur de la voir, et toutes ne pouvaient y parvenir. — Elle avait accompli sa mission, elle ne souhaitait plus que le repos et de se trouver réunie à celles de ses compagnes dont les souffrances suspendaient le retour.

Le peuple en fut ému, et l'empereur Nicolas dut être officiellement informé, que le désir de Grégoire XVI était qu'il s'abstînt de venir à Rome, afin d'éviter une manifestation publique en faveur de la Mère Macrina.

Mais l'empereur avait annoncé sa visite; il était déjà assez extraordinaire de voir à Rome le chef de l'Eglise schismatique greco-russe, venir en souverain visiter le chef souverain de l'Eglise du Christ. Le monde religieux en était trop préoccupé pour que l'autocrate pût renoncer à ce projet. Son voyage fut seulement ajourné; pendant ce temps, une copie des interrogatoires subis à Posen et à Rome par Macrina Mieczyslawska, fut mise au net.

La première entrevue de Grégoire et de Nicolas fut longue et sans témoins; seulement, on put savoir que ces pièces authentiques n'étaient plus chez le pape lorsque l'empereur en fut sorti, et on dut supposer qu'elles avaient été le principal sujet de ce long entretien!

LETTRE XXII.

Rome, le.....

Après cette narration dont vous pouvez attester l'exactitude et dont le temps seul peut faire connaître les résultats, je reprends mes courses pour ne plus m'arrêter. Je vous conduirai au Forum de Trajan, jadis le plus riche et le plus orné de Rome, aujourd'hui retrouvé à plusieurs pieds sous terre, où 40 tronçons marquent la place des 40 colonnes qui composaient son portique, sa basilique et son temple, et que précédait au Midi la belle colonne demeurée intacte, sauf la substitution de saint Pierre à Trajan dont la matière avait tenté la cupidité des Barbares, et qu'ils avaient emportée lors d'une de leurs excursions. — C'est cette colonne qui a servi de modèle à celle de la place Vendôme. — Celle-ci est en bronze, provenant des victoires de l'empereur et retraçant ses faits d'armes à Austerlitz. L'autre est en marbre et rappelle les victoires de Trajan contre Décébale. Ses sculptures en spirale, dont les figures ont presque deux pieds et les détails aussi nombreux que variés, sont de la meilleure exécution. Sa hauteur est de 132 pieds; on

Forum Trajanum.

parvient à la cime par un escalier intérieur et on domine Rome.

On a eu le bon goût, à Paris, de ne rien innover. Les aigles, les faisceaux, les couronnes du piédestal sont semblables au modèle ; les sujets seuls sont différents, et, plus heureux que l'empereur Trajan, Napoléon-le-Grand a pu y reprendre la place dont une effervescence mal entendue l'avait dépossédé pendant un temps.

Il faudrait effacer les plus belles pages de notre histoire moderne, pour parvenir à faire oublier et les hauts faits de nos armées et les triomphes du grand génie qui marchait à leur tête pour subjuguer et éblouir le monde! Cette gloire nationale appartient à tous les partis puisque toutes les classes s'y étaient associées, et un des torts de Louis XVIII fut de substituer un droit contestable à un fait accompli, en datant son règne d'une époque où il n'était que malheureux et proscrit! C'était prêter à la critique ; elle ne lui fut pas épargnée !

Henry V, quand le sort lui redonnera un trône, datera-t-il de 1830 l'époque de son joyeux avènement?

Les gens d'esprit se laissent parfois entraîner à faire des sottises. C'est la consolation de ceux qui n'en ont pas !

Au-delà de cette enceinte, et sur le sol nouveau, on voit deux églises consacrées à Marie et à Notre-Dame-de-Lorette, et tout autour, des constructions qui ne sont nullement en rapport avec les souvenirs évoqués par ces nobles ruines.

> Églises Sainte-Marie et Notre-Dame-de-Lorette.

La fontaine de Trevi est un beau monument. Ses eaux, dont la découverte voudrait être historique, furent amenées dans Rome par Trajan, et Clément XII se chargea de l'embellir. Adossée à un palais, ornée de colonnes et de statues, ayant même conservé les fenêtres qui s'y trouvaient, l'eau tombe sous diverses formes dans le vaste bassin qui doit la recevoir.

> Fontaine de Trevi.

La principale décoration du centre figure *l'Océan* amené sur un char. Vous ne serez plus étonnée, dès lors, si sa statue est colossale, et si les eaux qu'elle domine doivent couler en abondance. Je voudrais à l'entour plus de place pour la mieux regarder. Là, surtout, l'espace manque, et les maisons devraient être sacrifiées au monument.

Avant de vous mener plus loin, je dois vous dire que le Forum de Nerva et le temple qu'il contenait sont réduits, l'un à deux colonnes enterrées, supportant un attique richement orné et où l'on reconnaît la statue de Pallas; l'autre à d'immenses

> Forum de Nerva.

blocs superposés, trois colonnes et un portique. On prétend que le surplus a servi à construire la fontaine Pauline.

Ces mutilations des plus beaux souvenirs de l'antiquité font naître de justes regrets. Ce qu'on en tire ne saurait être employé qu'à tenir lieu de matériaux informes, dans les récentes constructions.

Les carrières de Carrare ne sont pas assez éloignés ni leurs masses assez réduites, pour ne pouvoir y suppléer. La superstition des premiers temps a bien pu y contribuer. Mieux eût valu changer les noms pour pouvoir conserver les choses, au risque d'un ridicule, que de préférer le vandalisme ; et, si saint Pierre remplaçant Trajan ou saint Paul surmontant la colonne Antonine ont empêché leur destruction, je les en remercie de bon cœur.

La place de Monte-Cavallo est au sommet du mont Quirinal. Elle doit son nom à la belle fontaine qui la décore et qui se compose de l'obélisque d'Auguste, de la vasque trouvée dans le Forum Romanum, et de chevaux maintenus par des hommes, attribués généralement aux ciseaux de Phidias et de Praxitèle.

Place de Monte-Cavallo.

Quelle que soit leur véritable origine, cet ensemble est du plus bel effet.

Sur un des côtés de cette place — dont le sol est au niveau du dôme de Saint-Pierre, — fut construit, en 1574, le palais Quirinal, qui sert au conclave lorsqu'il s'agit d'élire un nouveau successeur à saint Pierre, et que le pape habite alternativement avec le Vatican. C'était là aussi que les princes étrangers recevaient l'hospitalité royale que le Saint-Père s'empressait de leur octroyer.

> Quirinal.

Ce palais, construit avec magnificence et dans les plus vastes proportions, contient encore un immense jardin orné de belles statues, planté des plus beaux arbres et embaumé par des fleurs rares.

On remarque, en entrant dans la cour principale entourée de portiques, une vierge en mosaïque que surmonte une horloge. Ensuite, un bel escalier mène à l'étage supérieur que je vous dispenserai de parcourir en détail. Une aile tout entière qui se prolonge sur la rue de la Porta-Pia d'une part, et de l'autre sur toute l'étendue du jardin, reçoit les cardinaux et leurs conclavistes, alors qu'ils se réunissent en conclave. Plusieurs salles font partie de l'appartement du pape; on montre la table sur laquelle il prend ses repas, toujours seul, suivant la coutume qui lui est imposée, et qui n'est pas un des moindres ennuis du pontificat. Au-delà, une immense galerie, récemment divisée et formant trois salles, dont deux sont décorées par des tentures des Gobelins données aux papes à deux époques très distinctes, les unes par Louis XIV, les autres par Napoléon.

De beaux tableaux, parmi lesquels l'Annonciation du Guide, des fresques bien conservées, de beaux vases du Japon, servent d'ornements au surplus du palais.

Lors des conclaves, les cardinaux présents à Rome s'enferment dans le Quirinal pour n'en sortir qu'après l'élection ; une garde nombreuse sert à empêcher toute communication extérieure, et les astuces de la diplomatie sont employées à déjouer toutes les précautions.

Les cardinaux, restreints à sept dans le principe, et dont le nombre fut augmenté, par Léon X, jusqu'à soixante, ont été portés par Sixte-Quint à soixante-dix, en l'honneur des soixante-dix disciples de Notre-Seigneur. Chaque ordre religieux a le droit d'avoir le sien. Dans ce nombre de cardinaux, six sont cardinaux-évêques, cinquante cardinauxprêtres, et quatorze cardinaux-diacres ; parmi ces derniers plusieurs ne se considèrent comme nullement engagés dans les ordres ; mais alors ils sont exclus du conclave, à moins que, sacrifiant leur liberté à leur ambition, ils ne reçoivent la prêtrise pour se donner des chances d'élection.

Deux fois par jour, matin et soir, les cardinaux sont extraits de leurs cellules et conduits en cérémonie dans la chapelle qui sert de lieu de réunion. Un d'entre eux célèbre les saints mystères en invoquant l'intercession du Saint-Esprit ; après, chacun prend sa place devant laquelle se trouve une table et ce qu'il faut pour écrire, et chacun trace le nom de l'élu qu'il préfère. Ces billets, cachetés aux armes des conclavistes, sont remis au camerlingue qui gouverne souverainement pendant le temps de l'interrègne et dont les priviléges s'étendent jusqu'à faire battre monnaie à son nom et à son effigie ; leur dépouillement se fait en grande pompe.

Tant que deux tiers des voix, au moins, ne sont pas unanimes, les bulletins réunis doivent être brûlés ; un poêle est placé, à cet effet, derrière le maître-autel, et la fumée qui s'échappe par son tuyau annonce au peuple réuni sur la place, qu'il peut se retirer en paix, sauf à revenir ensuite.

Parfois, lorsque l'élection tarde trop à se conclure, les cardinaux parviennent à s'entendre pour réunir leurs voix en nombre suffisant. Les cours de France, d'Autriche, d'Espagne et de Portugal, ont le droit d'apposer chacune une exclusion. Là se borne la légalité, mais là aussi commencent les intrigues des ambassadeurs de chaque puissance, pour, à force de promesses ou de menaces, faire préférer celui des cardinaux qui, parvenu au trône de saint Pierre, lui paraît devoir être plus favorable à son gouvernement.

Sauf de rares exceptions, les cardinaux préfèrent le plus vieux d'entre eux, qui, devant donner lieu à une plus prochaine vacance, leur procure l'occasion d'exercer plus fréquemment leur droit et leur laisse plus de chance de parvenir à leur tour à la tiare.

Le jour de l'élection, le nouvel élu, placé sur un trône dans le lieu du conclave, reçoit les hommages de ceux qui, naguères ses collègues, viennent de l'élever au-dessus d'eux, et revêt de leurs mains les ornements pontificaux. Ensuite, le hérault d'armes proclame, du haut du grand balcon, le nom du nouveau pontife et celui qu'il a choisi parmi les serviteurs des serviteurs de Dieu pour consacrer son règne. Il paraît à son tour, suivi de son cortége, bénit les assistants aux acclamations de la foule, et reçoit ensuite les félicitations du corps diplomatique et des corporations, en attendant le jour fixé pour son couronnement.

LETTRE XXIII.

Rome, le.....

Via de Porta-Pia.

La via de Porta-Pia, qui part de la place de Monte-Cavallo, est belle et presque droite, on y voit la place dite des Quatre-Fontaines; — il ne manque que *la place* à la réalité. Plus loin, la fontaine des Thermes de Néron ou del Aqua-Felice, ou encore *du Moïse*, à cause de la colossale figure du prophète dont je ne saurais signaler que les proportions. De l'autre côté, Sainte-Marie de la Victoire, terminée, assure-t-on, par un cardinal, — Scipion Borghèse, — en échange de l'Hermaphrodite que vous avez vu à Florence. L'élégance de Sainte-Victoire prouverait au besoin le prix que le susdit prince de l'Eglise mettait à la statue, malgré, ou plutôt à cause de sa singularité.

Fontaine del Aqua-Felice.

Église Sainte-Marie de la Victoire.

Ce monument est fort curieux; tout le pourtour

est revêtu en marbres précieux. La voûte et les nefs sont richement ornées. Les chapelles sont en albâtre et renferment des tableaux de prix. On montre le corps de la patronne, recouvert de cire pour le mieux conserver, trois beaux bas-reliefs dont un en bronze, et une Ascension par le Guerchin ; mais on s'arrête bien plus encore devant l'autel consacré à sainte Thérèse! La sainte est en extase et semble en route pour le ciel.

Au dehors de la porte Pie et, après avoir descendu de nombreux degrés, nous avons vu l'antique église de Sainte-Agnès, belle sépulture, qui montrerait de grandes richesses sans l'absence du jour nécessaire pour les voir, et nous sommes allés nous dédommager tout auprès, dans la double enceinte circulaire sous l'invocation de Sainte-Constance, dont le pourtour est formé par des doubles colonnes cannelées, et au centre de laquelle se trouve un unique autel. Église Sainte-Agnès

Les mosaïques extérieures, représentant des enfants pressant des grappes de raisin, semblent justifier ceux qui lui donnent pour origine un temple dédié à Bacchus, transformé par Constantin pour le baptême de sa fille, et destiné plus tard à servir de sépulture à sa famille. Temple de Bacchus

Villa Albano.

Non loin se trouve la villa Albano, renommée à cause des statues qui ornent ses jardins, dont je ne saurais apprécier les ifs en pyramide qui forment les allées. La maison, en revanche, renferme d'innombrables chefs-d'œuvre. Chaque galerie semble avoir sa spécialité, et les moins connaisseurs s'accordent pour rendre hommage à la majeure partie de ce qui s'y trouve. Je profite de mon ignorance pour me contenter de regarder, sans me permettre un jugement sur des objets où les habiles se trouvent si rarement d'accord.

D'ailleurs, j'étais délaissé par mes compagnes : Un singe malencontreux s'était trouvé sur leur chemin, et elles avaient préféré cette difformité vivante de la nature, aux plus belles reproductions inanimées! C'était une exception, je me hâte de le dire afin de ne pas les discréditer à vos yeux.

Je dois ajouter, cependant, que fort heureusement les singes sont plus rares à Rome que les merveilles! — sans cela!...

Villa Torlonia.

La villa Torlonia, appartenant au colporteur devenu millionnaire, prouve que ses trésors ont pu le faire duc sans parvenir à lui donner du goût.

Ses reproductions en miniature des colossales antiquités romaines, placées auprès de ces admirables modèles, servent à constater ce que j'avance.

Les trois palais de la villa Ludovisi renferment en grand nombre des statues antiques, des bas-reliefs et des tableaux.

On se surprend malgré soi, lassé de voir autant de chefs-d'œuvre à la fois, à désirer un repos — s'il ne devait en résulter un plus long séjour. Cela ne nous a pas empêché de rendre hommage à l'œuvre du Guerchin, qui paraîtrait une merveille si le Guide ne l'avait surpassé dans le même sujet.

Nous n'en avons pas moins visité, au retour, les ruines des Thermes de Dioclétien, dont une partie a été transformée en église sous l'invocation de Sainte-Marie-des-Anges, et desservie par des chartreux.

Thermes de Dioclétien.

Le génie de Michel-Ange s'y est développé avec succès. Le sol a été exhaussé aux dépens de quelques colonnes dont on a réduit les proportions en relevant leurs bases; d'autres y ont été ajoutées. La salle de bain se trouve transformée en vestibule et en nef richement décorés; le cloître a été conquis sur d'autres débris. Il y reste trois cyprès plantés par le grand maître et que les frères conservent avec soin. Le surplus se compose d'autres ruines grandioses, mais auxquelles leur vétusté laisse peu de chances de durée. La nef n'a d'autres ornements que des tableaux originaux et des copies en mosaïque qui décorent la chapelle de Saint-Pierre.

Palazzo Barberini. Nous sommes venus ensuite *al Palazzo Barberini*, vaste édifice mal tenu, et confié aux soins d'un sale custode qui nous a montré dans une chambre humide du rez-de-chaussée, un beau portrait de la Cinci par le Guide, et celui de la Fornarina par Raphaël, dont le nom est inscrit sur son bracelet, mais qui n'a aucune ressemblance avec celui que nous avons vu à la Tribune de Florence et que je préfère sous tous les rapports. Sauf une toile représentant Adam et Eve par le Dominiquin, les autres tableaux ne m'ont semblé ni à leur place ni dans leur jour. Le passage étroit, l'escalier tortueux par lequel le public est introduit, l'ignorance du custode, qui ne gagne vraiment pas la rétribution qui compose son seul traitement, m'avaient peut-être désenchanté d'avance! Des chefs-d'œuvre se trouvent ailleurs, assure-t-on, mais ils sont réservés à la famille. Nous sommes donc restés sous l'impression que laisse un palais décrépit, des cours où un troupeau pourrait paître, des jardins devenus sauvages, et une poussière luxuriante servant de preuve, dans les escaliers et dans les salles supérieures, à l'absence et au défaut de surveillance des propriétaires!

La fontaine du Triton occupe le centre de la place du même nom sur le côté de l'église des Capucins, où saint Crépin de Viterbe, couché sous le premier autel à droite et revêtu de l'habit de son ordre, est demeuré dans un état de parfaite conservation. *Fontaine du Triton.*

Cette église est due à la munificence d'un cardinal Barberini. On doit admirer le Saint-Michel Archange par le Guide. La beauté du chérubin avait dernièrement engagé une dame, plus dévote que réfléchie, à demander avec instance de *ses reliques* bien authentiques! *Église des Capucins*

Les frères sont inhumés dans les caveaux et revêtus de leurs insignes. Cinq salles souterraines, décorées en ossuaires, les reçoivent après leur mort. Ceux qui sont mieux conservés servent d'ornement à ce lugubre asile.

L'église de San-Andrea-degli-Frati avait pour nous un plus vif intérêt, en outre des statues de Saint-François-de-Paule, de celle du saint patron, des anges qui décorent la balustrade, du chœur et de la *Église San-Andrea-degli-Frati.*

chapelle de la Vierge à laquelle on attribue la récente conversion de M. de Ratisbonne; nous venions y chercher le souvenir d'un homme bon, aimable, d'un vrai chevalier, qui avait su descendre du faîte des grandeurs à une position plus que modeste, sans exprimer un regret ni un reproche, qui, s'étant toujours montré désintéressé autant que généreux, se trouvait pauvre alors qu'il se dépouillait de tous ses emplois plutôt que de servir ceux qui n'avaient jamais eu aucun droit à ses sympathies, et qui se consolait, en donnant à ses amis le temps qu'il ne devait plus consacrer à faire respecter la France à l'étranger, en y faisant aimer son noble caractère.

Le comte de La Ferronnays était un type que l'on parviendra difficilement à remplacer. Grand, noble, généreux, spirituel, capable, ami sûr et dévoué, chevalier sans peur et sans reproches, il était tombé volontairement avec les maîtres qui avaient pu l'apprécier dans leur premier exil tout comme au temps de leur puissance, et qui durent se repentir de n'avoir pas mieux suivi ses avis.

Fidèle à l'infortune, il avait refusé les offres les plus brillantes pour se consacrer aux princes déchus, et alors qu'il ne devait plus les servir, une douce piété vint toucher sa belle âme.

Il pratiquait sans ostentation, par cela seul qu'il était croyant, faisait bon marché de sa vie d'homme à succès, vivait en patriarche au sein de sa famille et avait le bon goût de se garder du prosélytisme, travers si fréquent des nouveaux convertis.

Sa conversation était instructive et intéressante. Il avait vu tant de choses dans sa carrière diplomatique et, par suite de son intimité avec la cour, il s'était trouvé mêlé à tant d'évènements ; il les disait si bien sans parler de lui quand il pouvait s'en dispenser, qu'alors qu'il ne pouvait plus exciter l'envie il désarmait encore la critique !

Après avoir fait la mort du juste, sa dépouille mortelle repose dans cette église de San-Andrea-degli-Frati, où il venait prier chaque jour ! une simple inscription sert à marquer sa place. Sa famille voudra sans doute, — à moins qu'il n'en ait ordonné autrement, — lui ériger un autre monument.

LETTRE XXIV.

Rome, le....

Si vous voulez comparer les mœurs des divers pays que nous avons déjà parcourus, vous trouverez :

Celles de Livourne mercantiles.

Celles de Pise gentilhomme.

Celles de Florence dissolues.

Celles de Rome inquisitoriales et mesquines,— et plus tard, celles de Naples crapuleuses.

Celles de Venise libertines.

Celles de Milan asservies, mais tendant à la révolte. Partout, sauf de très rares exceptions, le peuple est paresseux et quémandeur ; partout il faut être en défiance, et encore parvient-on rarement à ne pas être trompé. Les marchands y mettent de la gloire, les gens de la campagne en font leur principale occupation. Les tableaux que les uns vous présentent comme des originaux et qu'ils garantissent tels *sur leur part du Paradis*, sont des copies renouvelées pour la centième fois et que le talent de l'artiste consiste à bien imiter, et les camées ou les bronzes antiques que les cultivateurs découvrent devant vous, sont de misérables pâtes, ou de modernes statuettes qu'ils se sont hâtés d'enfouir en vous voyant paraître et qu'ils ont eu la malice d'ébrécher d'avance pour aider à leur tromperie. De nombreuses déceptions et les avanies qui en résultent ne sauraient les décourager. Ils se consolent en pensant qu'ils trouveront une autre fois des connaisseurs moins éclairés dont ils feront plus facilement des dupes.

C'est après m'être assez heureusement soustrait à diverses mystifications de ce genre, que je dois les signaler à ceux qui y seront exposés chaque jour et qui pourraient avoir moins de chance.

Après cette digression, qui pour être plus prosaïque n'est peut-être pas sans intérêt, revenons à nos rapides descriptions.

L'église de Saint-Augustin, d'origine française, est une des plus renommées de Rome en exceptant les basiliques. On y signale à droite l'autel du saint patron, le tombeau du cardinal Imperiali, le maître-autel où le portrait de la Vierge attribué à saint Luc est encadré par de belles colonnes, et quatre anges dus au Bernin. Plus loin, à gauche, l'urne qui renferme les dépouilles mortelles de sainte Monique, un groupe par Sansovino, une

Église de Saint-Augustin.

fresque de Raphaël représentant le prophète Isaïe, et enfin, auprès de la porte principale, une statue dédiée à la Vierge des Miracles, entourée d'ex-voto, couverte à profusion de perles, de pierreries et des plus riches parures, hommages de piété et de reconnaissance ; de l'autre côté se trouve placée, sur un tombeau, l'allégorie du Temps mesurant la Mort.

Saint-Louis-des-Français. — Si on reproche à l'église de Saint-Augustin la nudité de sa façade, il ne saurait en être ainsi de celle de Saint-Louis-des-Français qui se recommande par l'excès contraire : à l'intérieur on trouve de belles fresques en l'honneur de sainte Cécile, attribuées au Dominiquin, une Vierge sur le maître-autel qui passe pour le chef-d'œuvre du Bassano, et les tombeaux des Français célèbres morts à Rome depuis longues années.

Piazza Navona. — La piazza Navona, qui remplace le cirque d'Alexandre-Sévère, et qui rappelle encore ses fondations elliptiques, montre au centre un obélisque d'origine égyptienne, posé sur un rocher à jour, soutenu à son tour par quatre fleuves réduits à l'état de fontaines. A l'une des extrémités se trouve celle dite du Maure, qui n'a pas encore de pendant.

Église Sainte-Agnès. — Au centre, l'église de Sainte-Agnès, vaste rotonde dont la coupole est soutenue par huit colonnes colossales, dont le maître-autel est trop doré pour pouvoir paraître de bon goût, et dont ceux du pourtour sont surmontés par de lourds bas-reliefs en marbre qui semblent destinés à les écraser tôt ou tard; au-dessous on peut voir les vestiges du cirque; à droite et à gauche le collége Innocentin et le palais des princes Pamphili Doria auxquels le tout appartient.

La piazza Navona est devenue le marché aux légumes le plus vaste et le plus fréquenté de Rome; il s'y trouve aussi quelques collecteurs d'antiquités et de pierres gravées, dont j'ai préféré faire usage.

Vous remarquerez, en entrant dans l'église de San-Andrea-della-Valle, la nef la plus nue que vous ayez encore rencontrée; mais, en revanche, de riches chapelles appartenant à diverses familles; les fresques de la coupole peintes par le Dominiquin, et celles du chœur attribuées al Calabrese : une partie de l'ancien théâtre de Pompée a servi à ses fondations. Nous sommes allés voir ensuite il palazzo Colonna, dont une partie est occupée par l'ambassade de France et dont le surplus est montré aux étrangers.

Les chefs-d'œuvre des grands maîtres qui se pressent dans ses galeries, qui passent avec raison

San-Andrea-della-Valle.

Palais Colonna.

pour les plus renommées de Rome, exigeraient plusieurs semaines si l'on voulait prendre le temps de les décrire. Je me bornerai donc à vous citer, à cause de son originalité, un tableau où la Sainte-Vierge éloigne le diable en le flagellant à l'aide d'un balai, et deux meubles, l'un tout incrusté de bas-reliefs en ivoire admirablement travaillés, dont celui du milieu représente, dans son entier, le jugement dernier de Michel-Ange tel qu'il se trouve dans la chapelle Sixtine et sans en avoir rien supprimé ; et l'autre des mosaïques en pierres dures, rehaussées de pierres précieuses et de camées des meilleures époques.

Saint-Pierre-in-Vincoli.

L'église de Saint-Pierre-in-Vincoli date des premiers temps de la chrétienté, mais conserve peu de traces de son antique origine. Sa fondation avait pour but de conserver les chaînes qui avaient servi à lier saint Pierre dans la prison qui précéda son martyre. En outre de ces chaînes, que l'on montre dans la sacristie ainsi que le portrait du saint apôtre par le Dominquin, on remarque dans l'église la statue colossale de Moïse, autre chef-d'œuvre de Michel-Ange, deux beaux tombeaux, de belles toiles, entre autres, un admirable portrait de sainte Marguerite par le Guerchin, et des fresques fort renommées.

En prolongeant notre excursion, nous avons vu au bas du palais des Césars, dont je vous ai rendu compte sous le nom de Maison dorée, et dans la partie qui avoisine le Colysée, les loges qui servaient de refuge aux bêtes féroces destinées aux spectacles du Cirque, soit qu'elles fussent condamnées à se combattre entre elles, soit qu'elles fussent réservées pour les jours néfastes où, à la grande satisfaction d'un public sanguinaire, elles avaient à mettre en pièces des martyrs ou des vaincus qui marchaient à une mort cruelle, en ne montrant d'autre faiblesse que celle de dire à leur bourreau : *Morituri te salutant.* {Vivarum du Colysée.}

LETTRE XXV.

Rome, le.....

Le souvenir de ces victimes des temps barbares nous ramène tout naturellement, en passant auprès de l'arc de Dolla-Bella, destiné à soutenir un aquéduc, — après une excursion à la villa Mattei, retraite de Manuel Godoy, qui payait bien cher sa faveur par les preuves d'amour qu'il devait prodiguer à sa reine, — à l'église de Saint-Étienne-le-Rond, dont la forme sert à expliquer le nom, et qui rap- {Arc de Dolla-Bella. Villa Mattei. Église de Saint-Étienne-le-Rond.}

pelle de bien cruels supplices : il paraît que c'est à tort que l'on attribue sa fondation à un ancien temple dédié à Bacchus. L'opinion qui voudrait en faire honneur à l'empereur Claude est aussi fort controversée. Ses cinquante-six colonnes antiques, — mais non d'un même style,—soutiennent sur deux rangs son immense coupole. Le pourtour représente en fresques, hideuses par leur sujet et qu'elles ne rachètent pas par leur mérite, les supplices affreux auxquels étaient soumis les premiers martyrs de notre religion : à côté du nom des victimes se trouve,— pour en faire justice, celui des empereurs barbares sous le règne desquels elles ont été condamnées. Il est permis de croire que l'imagination des peintres les a entraînés bien au-delà de la réalité. Dans tous les cas, je puis affirmer que je n'ai rien vu de plus dégoûtant. Les tourments que l'on nous promet en enfer ne seraient qu'un jeu en comparaison.

Saint-Jean-de-Latran.

Nous nous sommes hâtés, pour faire diversion, de nous rendre à la basilique de Saint-Jean-de-Latran, qui se trouve à peu de distance, et qui, suivant plusieurs, rivaliserait avec Saint-Pierre si celle-ci pouvait avoir une rivale.

Notre impression ne lui a pas été aussi favorable.

Je blâme en premier lieu l'annexe à la basilique, du palais de Latran, qui place la belle façade à une extrémité. Ce palais, demeure primitive des papes, est transformé en un musée.

Nous nous sommes introduits par le Baptistaire qui, lui seul, serait une église, et qui a souffert à tel point lors de l'incendie du palais, qu'il a fallu réunir par des murs ses huit colonnes en porphyre, pour leur donner la force de soutenir les huit colonnes superposées qui supportent la coupole élevée et richement ornée. La cuve dans laquelle Constantin doit avoir été baptisé, est en basalte rehaussé d'or. La salle qui vient après contient des colonnes antiques aussi, sur double hauteur, et surmontées par des entablements du dernier fini.

En entrant dans l'église par la croisée, on trouve au centre des cinq nefs qui la composent, les douze apôtres dans des niches apposées contre chaque pilastre et encadrées par des colonnes tirées du temple de Dioclétien.

Les têtes de saint Pierre et saint Paul sont placées sous le maître-autel réservé au pape, et, dès lors, surmonté par un baldaquin. C'est à Saint-Jean que le nouveau pontife se rend après son exaltation ; c'est là qu'il est proclamé évêque de Rome ; c'est encore par un des balcons placés au centre de sa façade, qu'il bénit le peuple et le monde, lors des fêtes solennelles, et, entre autres, le jour de la Saint-Jean et celui de Sainte-Luce, où le roi de France, *chanoine héréditaire* de cette basilique, était tenu d'assister dévotement en la personne de son représentant.

La table où se fit la cène, réduite à moitié, et de plus fort vermoulue, se montre à la vénération des fidèles dans le chœur des chanoines, chapelle appartenant à la famille Colonna, et où se trouve leur sépulture. Les stalles sont ornées de belles sculptures, on y remarque encore, deux médaillons dus à Jules Romain.

L'autel du Saint-Sacrement, formé par quatre colonnes dorées provenant du temple de Jupiter Capitolin, contient une représentation toute en vermeil, rehaussée de pierres précieuses, du temple de Jérusalem.

La chapelle Corsini, dans laquelle le pape Clément XII a déployé, de son vivant, toute sa magnificence pour préparer sa sépulture, présente une urne antique, tirée du Panthéon où elle servait de sarcophage à Agrippa, de beaux bas-reliefs, dont les sujets rappellent les hauts faits des membres de la famille qui se sont illustrés par leur valeur ou leur mérite, d'autres tombeaux et des statues.

Ces mausolées ne servent que d'ornements à cette chapelle richement décorée. Les sépultures sont déposées dans la chapelle souterraine, sur l'autel de laquelle il faut admirer un groupe de la Piété, représentant la Vierge soutenant le Christ mourant, et qui ne laisse à regretter que l'absence du jour pour le voir davantage.

Les quatre nefs latérales, aboutissant à quatre portes — dont une ne s'ouvre que pour le temps du jubilé, sont, de même que la nef principale, séparées par des pilastres et les deux dernières contiennent des autels. L'ensemble est froid, décoloré. Le grandiose ne suffit pas, pour remplacer l'absence des ornements que la richesse des marbres découpés servant de pavés fait ressortir bien plus encore. Après avoir subi un effet obligé d'acoustique, on pénètre dans le cloître, entouré par des colonnettes jumellées de formes variées et la majeure partie incrustées de mosaïques.

On nous y a montré une grande table de marbre soutenue par quatre colonnes et donnant la mesure de Notre-Seigneur Jésus-Christ : personne, assure-t-on, ne s'est jamais trouvé exactement de la même taille.

Notre-Seigneur devait être fort grand, puisque, malgré mes cinq pieds huit pouces et mes talons de bottes, il se trouvait encore assez d'intervalle entre ma tête et le dessous de cette table.

Plus loin est la pierre sur laquelle les soldats jouèrent aux dés les dépouilles de la sainte victime, et, d'un autre côté, les fragments de l'ancienne église recueillis après son incendie.

La façade a éprouvé le sort des monuments construits à diverses époques et par des maîtres différents. Ses cinq entrées sont surmontées par autant de balcons; celui du milieu est réservé pour les bénédictions dont je vous ai déjà parlé; dans l'intervalle sont des statues parmi lesquelles vous comprenez que le saint patron, représenté sous plusieurs formes, ne pouvait pas être oublié. Au fond d'un vaste vestibule qui sépare les parties de la façade de celles qui donnent entrée dans l'intérieur de l'église, se trouve la statue colossale de Constantin, qui eût mieux figuré au milieu d'une place publique. Mais l'effet produit par la vue de la place, par l'obélisque égyptien haut de $31^m,276$, sur $3^m,128$, sans compter la base et le piédestal, et auquel on a eu le tort de donner encore un saint Jean-Baptiste pour coiffure; la

Place de Saint-Jean-de-Latran.

tribune où Constantin monta pour faire publiquement son abjuration et recevoir le baptême des mains du pape Sylvestre, qui devait être plus tard canonisé ; *la Scala santa*, que les personnes pieuses ne montent qu'à genoux, besogne au reste peu facile, à laquelle on a eu égard en plaçant aux deux côtés des escaliers que l'on peut franchir vulgairement, et qui n'en aboutissent pas moins à la chapelle où l'on expose le Saint-Suaire à la vénération des fidèles ; en face les ruines du temple de Castor et Pollux et l'église de Sainte-Croix-de-Jérusalem ; au loin, la campagne de Rome dans toute son étendue, forment un admirable point de vue.

Deux mots seulement sur l'arc de Gallien qui date de l'an 253 et qui n'a d'autre mérite que sa conservation, et passons à Sainte-Praxède, qui se trouve sur notre route et qui mérite une mention. Les marches du maître-autel sont en rouge antique, les quatre colonnes qui supportent le baldaquin sont en porphyre. Dans la sacristie, on montre la Flagellation de Notre-Seigneur par Jules Romain. Dans une chapelle fort décorée, le tronçon de colonne à laquelle il fut lié pour subir ce supplice, et dont l'anneau fut donné à un de nos

Marginalia: La Tribune. La Scala santa. Ruines du Temple de Castor et Pollux. Arc de Gallien. Sainte-Praxède.

rois. Au centre de la nef, le puits miraculeux qui avait le don de conserver pur le sang des martyrs que sainte Praxède allait recueillir la nuit après leur supplice et qu'elle y déposait pieusement. On montre encore, dans la chapelle Borromée, le siége vermoulu dont le saint archevêque faisait usage, et la table sur laquelle, dit-on, il servait à manger aux pauvres. Il faut espérer, dans l'intérêt de ceux-ci et en faveur des mérites du saint, que le service se renouvelait souvent, car la table nous a paru de bien petite dimension ; d'autres prétendent qu'elle servait de lit à la sainte : et je serais plus porté à le croire.

Santa-Maria-Maggiore.

La place qui précède l'église de Sainte-Marie-Majeure, semble se relier à celle de Saint-Jean-de-Latran par une belle et longue avenue. Au centre de cette place est une fontaine surmontée par une colonne cannelée en marbre blanc, la seule retrouvée intacte du temple de la Paix,—plusieurs disent de la basilique de Constantin, et couronnée par une statue de la Vierge.

La façade de la basilique est riche, élégante, et ne mérite aucun des reproches précédemment adressés à celle de Saint-Jean. Cinq portes font partie de son architecture ; une d'elles est aussi réservée pour les grands jubilés ; une autre n'est là que pour la forme. Les trois du centre servent seules pour entrer. Au-dessus de celle du milieu, est le balcon destiné à faire tomber plus spécialement sur cette partie de la population de Rome la bénédiction du pape, suivie des indulgences dans les jours néfastes. L'ensemble de cette façade, malgré quelques critiques, m'a paru riche, grandiose, régulier et d'un très bel effet.

Les colonnes de marbre blanc qui séparent les nefs sont tirées du temple de *Lucine*. L'emploi des monuments anciens pour composer des édifices modernes donne souvent matière — vous le voyez — à de singuliers anachronismes.

S'il est vrai que l'emplacement de Sainte-Marie-Majeure a été indiqué par un miracle, il faut convenir qu'il a été *miraculeusement* choisi ; le résultat a été de dédier à la Sainte-Vierge une des plus belles basiliques de la capitale du monde chrétien, de la doter d'une des quatre portes saintes ayant seules les priviléges de l'immunité à l'époque des jubilés séculaires, et d'y réunir de grandes richesses sans nuire à l'élégance et au bon goût, chose plus rare qu'on ne le pense, même, et peut-être surtout à Rome.

Sa date primitive est 352 ; l'or qui recouvre ses voûtes et ses nefs, ainsi que ses lambris, est le premier obtenu du Mexique, et auquel Philippe V voulut donner ce pieux emploi. La chapelle Sixtine, dite du Saint-Sacrement, est resplendissante de marbres, de bas-reliefs, de statues et de dorures. D'un côté, le tombeau du fondateur, — pape sous le nom de Sixte-Quint, — se fait distinguer par sa statue, ses quatre colonnes en vert antique et des bas-reliefs qui lui sont propres. En face, celui de Pie V et *saint*, est formé par une urne du même marbre, surhaussé de dorures et entouré de bas-reliefs. Au fond, quatre anges dorés supportent le tabernacle, aussi doré, où l'on conserve précieusement une partie du foin qui servit de lit à l'Enfant-Dieu. S'il me fallait décrire tout ce que l'on m'a fait voir, je perdrais patience moi-même.

Le maître-autel du centre de la nef est formé par une vasque en porphyre; son baldaquin, soutenu, ainsi que les anges qui le décorent, par quatre colonnes semblables, est un des plus beaux de Rome.

Les murs de la nef principale sont incrustés de mosaïques et surmontés de belles fresques.

La chapelle Borghèse semble rivaliser avec celle Sixtine. Elle est aussi recouverte des marbres les plus rares ; elle renferme de même les tombeaux de deux papes de la famille Aldobrandini, ayant l'une et l'autre leurs images, leurs colonnes, des statues et des bas-reliefs rappelant leur histoire ou celle de leur pontificat, et, sur le maître-autel dédié à la Vierge, à défaut du tabernacle et des reliques du berceau, un portrait de Marie peint encore par saint Luc, encadré de lapis rehaussé par des pierres précieuses, le tout entremêlé de colonnes de jaspe dont les chapiteaux et les frises sont revêtus en agathe, d'anges dorés, de fresques et de tableaux dus au pinceau des plus grands maîtres. Cette lutte entre des puissances du même ordre, si ce n'est du même temps, tourne au profit des connaisseurs. Je passe volontairement sous silence d'autres chapelles, d'autres tombeaux, d'autres fresques et de nombreux tableaux, et après vous avoir dit que derrière est une autre façade et une place au centre de laquelle un obélisque d'Egypte se trouve placé, je vous laisserai en repos, — jusqu'à ce que je recommence.

LETTRE XXVI.

Rome, le.....

Grâce à notre itinéraire, nous pouvons aujourd'hui voyager en plein air et rafraîchir ainsi notre imagination un peu blasée sur les églises, sur les saints, sur les martyrs et même sur les miracles. C'est une bonne fortune pour un narrateur. Quant aux déboires, ils sont fréquents. Le plus amer est d'avoir à parcourir, et par conséquent à décrire, — ne fût-ce que pour lui-même, — ce que tant d'autres ont déjà vu, et à peu près dans le même ordre. La raison en est simple.

Le premier soin, en arrivant dans une ville, est de se munir du meilleur itinéraire et de réclamer le cicerone le plus renommé. L'un et l'autre indiquent toujours les mêmes choses et vous conduisent par les mêmes chemins. On se trouve donc plagiaire sans le vouloir ; car il ne saurait exister d'autre différence que les sensations qui en résultent, et la manière de les exprimer. Ces sensations sont personnelles, spontanées ; elles varient suivant le caractère de celui qui les éprouve. La narration n'offre pas les mêmes chances : elle est subordonnée aux sujets qu'elle présente, et, à Rome surtout, elle n'a point avoir le mérite de l'inconnu, puisque le moindre touriste croit avoir mieux vu et mieux apprécié ce dont vous êtes obligé, en conscience, de parler encore !

Telle était ma conviction lorsque je tentais de résister à vos ordres. Vous n'avez voulu en tenir aucun compte, vous avez persisté, j'ai obéi ; mais ma tâche, à chaque instant, me paraît plus ingrate.

Non loin du vaste égout dont je vous ai rendu compte sous le nom de Cloaca-Maxima, nous avons vu le Cirque Maximo, au pied du mont Aventin, où les Sabines devinrent sans leur aveu les concubines des Romains. L'amour du changement dont on accusait déjà le beau sexe et la manière dont, à ce qu'il paraît, elles furent traitées par leurs vainqueurs, ne leur laissèrent bientôt ni remords ni regrets, et l'avenir de Rome fut confié à leur fécondité. Ce cirque, ainsi nommé à cause de ses dimensions, avait été dédié à Neptune et pouvait servir aux naumachies. Il en reste de beaux vestiges. La partie extérieure sert de base à d'ignobles constructions modernes. Le cicerone ne manque pas, après avoir donné les mesures de cette

<small>Cirque Maximo.</small>

enceinte, successivement agrandie et décorée des obélisques transportés sur la place Saint-Jean et sur celle du Peuple, avoir expliqué l'usage des carcéris et l'emploi des bornes que le vainqueur devait entourer dans ses roues, de vous rappeler que là eut lieu la touchante rencontre entre Androclès et le lion reconnaissant qui, pour prix d'un léger service, vint ramper à ses pieds et lui lécher la main au lieu de le dévorer ainsi qu'il en avait la charge, et qui, par ce procédé fort délicat pour un animal sauvage, lui fit obtenir sa grâce aux dépens de son déjeuner.

Thermes de Caracalla.

Le Palais et les Thermes de Caracalla occupaient tout l'espace compris entre les trois monts Aventin, Palatin et Cœlio. Le palais était magnifique, ainsi que le prouvent ses vestiges. Les thermes pouvaient contenir plus de 4,000 baigneurs. Diverses fouilles auxquelles on travaille encore, font découvrir de beaux pavés en mosaïque, enfoncés dans le sol par suite de la chute des murs et des voûtes, revêtus aussi jadis de même, et dont on retrouve les traces sur le pourtour.

La portion de ces voûtes, des vestiges d'escaliers, quelques grands pans de murailles qui se défendent encore contre leur propre vétusté, après avoir résisté à l'incendie et à l'invasion des Barbares, semblent avoir peu de chances de durée. Aux deux extrémités et dans la partie souterraine, on voit l'emplacement des chaudières et des étuves employées à chauffer ces immenses baignoires. Au devant se trouvait une arène destinée aux gladiateurs; par côté, un cirque d'une grande étendue servait aux courses de chars ou aux combats de bêtes féroces.

Les soubassements des salles de bains étaient revêtus d'un ciment imperméable dont on a vainement recherché depuis le secret, et que l'on imite si imparfaitement, de nos jours, sous le nom de ciment romain. Ainsi, au siècle des lumières, loin de savoir rien inventer, nous nous bornons à suivre timidement ceux que nous osons nommer *Barbares!*

En fait de peintres, de sculpteurs, de poètes, d'orateurs et surtout de grands hommes, nous sommes bien inférieurs aux temps anciens. J'en excepte Napoléon, pour lequel vous savez ma vénération.

Que diront à cela nos jeunes législateurs et les imberbes des Écoles, qui se croient cependant sublimes en toutes choses?

Devant l'ancienne porte Latine, actuellement

supprimée, on voit la chapelle édifiée sur l'emplacement du supplice de saint Jean l'Évangéliste, qui fut bouilli cruellement dans une vaste chaudière.

Columbarium. Auprès se trouvent plusieurs columbarii destinés à servir de sépulture à des familles patriciennes. On les nommait ainsi à cause de leur parfaite ressemblance avec un colombier. Il suffisait d'en voir un ; nous avons donné la préférence au plus considérable, placé au centre d'un jardin potager et à 8 mètres au-dessous du sol. On y descend par des marches fort hautes ; au centre se trouve un carré-long s'élevant jusqu'à la voûte, et rempli, ainsi que le pourtour, de niches contenant, de deux en deux, des urnes recouvertes par de petites assiettes et conservant des os calcinés que le custode,—jardinier,—nous a montrés avec infiniment peu de respect.

Parmi ces niches, il se trouve des urnes d'une plus grande dimension et des mausolées en miniature. Le nom des occupants figurait au-dessous ; leur nombre est très considérable ! Je m'étonne que de semblables souvenirs soient laissés à des mercenaires et ne fassent pas l'objet de la surveillance d'une commission des monuments, choisie par le gouvernement parmi les antiquaires.

Mais les tendances monacales s'opposent à de pareils soins. Ne vous ai-je pas cité des papes, dignes des temps barbares, employant à dessein des chefs-d'œuvre antiques pour l'édification de quelques palais ou de quelques églises? une partie du Colysée ne sert-elle pas de preuve à ce que j'avance; et cependant ce Colysée avait reçu le baptême de sang des premiers chrétiens; des chapelles et des croix bien mesquines, il est vrai, ne constatent-elles pas que le colosse de Flavien a été consacré par la religion, trop tard sans doute, mais comme le seul moyen de le soustraire à une ruine plus complète.

Le tombeau des Scipions est auprès de la porte de Saint-Sébastien; il n'en reste que la carcasse. La partie supérieure a disparu, et tout ce qui est résulté des fouilles qui s'y sont faites, a été transporté ailleurs. L'arc de Drusus, tout au contraire, doit moins sa conservation à son mérite qu'à l'usage auquel il a servi, en supportant un aqueduc destiné par Caracalla à apporter des eaux dans son palais. A quelque distance et dans les champs, au-dessus d'une entrée des anciennes Catacombes, est l'église de Saint-Sébastien, édifiée sur la place

Tombeau des Scipions.

Arc de Drusus.

Église Saint-Sébastien.

où le saint martyr avait été enseveli, et où ses reliques sont encore conservées.

Les corps de saint Pierre et de saint Paul sont, dit-on, demeurés pendant 250 ans sous l'autel primitif de la chapelle basse. Là aussi sont écrits les noms des quatorze papes enterrés dans les Catacombes. On n'a, fort heureusement, pas jugé convenable d'y inscrire ceux des cent soixante-dix mille chrétiens qui leur servent de cortége. Dans tous les cas, vous m'auriez absous, je l'espère, de ne pas vous les redire. En revanche, nous sommes allés leur rendre visite dans leurs sombres demeures. On descend assez, pour y parvenir. Ces catacombes sont les plus vastes de Rome, ce qui s'explique s'il est vrai qu'elles s'étendaient jusqu'à Ostie.

Leur origine provient des recherches auxquelles donnait lieu une qualité de terre employée sous le nom de Pozzolana dans les anciennes constructions : son extraction s'opérait à l'aide de galeries souterraines et divergentes abandonnées après leur épuisement, et qui servirent de refuge aux chrétiens lors de leur persécution. Ils les élargirent pour les rendre plus commodes, y pratiquèrent des chapelles pour célébrer les saints mystères et des salles pour prendre en commun leurs repas. Les parois des galeries, disposées en gradins, leur servirent de lit et ensuite de tombes; et ces lieux, ainsi sanctifiés, sont devenus l'objet de la vénération en même temps qu'un sujet de curiosité.

De temps en temps le passage est obstrué soit par de récents éboulements, soit par des fouilles, et, en attendant de nouveaux déblais, il faut se hâter de revenir sur ses pas à peine d'augmenter le nombre des martyrs. Je compléterai cette description en vous parlant d'une autre catacombe où l'on ne saurait pénétrer qu'à l'aide d'une permission spéciale, où les fouilles sont journalières et qui passe pour beaucoup plus curieuse.

Quelques ruines, sur l'origine desquelles on paraît incertain, précèdent, de ce côté, l'immense Cirque désigné sous le nom de Caracalla par les uns, et, à plus juste titre, par les autres, sous celui de Romulus. Là fut trouvé l'obélisque décorant la place Navone.

Cirque de Romulus.

Le Temple de Romulus est totalement en ruines. Le Cirque, en revanche, offre un grand intérêt, tant à cause de sa conservation que par ses proportions, dont l'ovale est bien plus large. On remarque à l'une des extrémités, l'emplacement qui servait de point de départ aux chars admis à concourir; au-dessus, la terrasse où prenaient place les personnages éminents; derrière, les chambres où les gladiateurs se dépouillaient de leurs vêtements et se disposaient à combattre. Au centre, la loge réservée aux empereurs; à l'autre extrémité, deux tours, au haut desquelles les musiciens faisaient entendre leurs fanfares pour amuser les assistants et exciter les combattants, et enfin les quatre portes par lesquelles les spectateurs s'introduisaient sur les gradins ou dans l'enceinte. Nous sommes restés long-temps à parcourir ce monument, à nous faire expliquer par notre cicerone, fort entendu, les diverses parties qu'il montre encore et l'objet auquel chacune était destinée; ce cirque servait aussi aux naumachies, et devenait pour nous un enseignement.

Église de Saint-Grégoire.

L'église de Saint-Grégoire est desservie par les Camaldules. On y voit des colonnes antiques et des tableaux anciens, ensuite trois chapelles extérieures, sous diverses invocations. Dans celle de Saint-André, on admire des peintures du Guide et deux fresques pour lesquelles le même peintre s'est mis en lutte avec le Dominiquin et où chacun, par conséquent, a déployé tout son talent. La chapelle où le pape Grégoire donnait chaque jour à dîner à douze pèlerins, contient son portrait peint par Carrache.

Les ruines, les jardins, les beaux arbres qui couronnent le mont Palatin, formant jadis le palais des Césars, se présentent, de ce côté, sous l'aspect le plus pittoresque.

L'église du Jésus, attenant à la maison des Pères, et dont le général ne saurait s'absenter, contient le corps de saint Ignace dans la superbe chapelle qui lui est consacrée. Sa statue en argent est derrière son tableau : des colonnes revêtues de lapis-lazuli, de beaux bas-reliefs en bronze et en marbre, et un globe aussi en lapis-lazuli, font partie de cette chapelle.

Église del Jesu.

Les colonnes de jaune antique, la balustrade en bronze surmontée de six candélabres finement ciselés, des tombeaux et des statues entourent noblement le maître-autel et le chœur.

Les successeurs de saint Ignace ont voulu donner la preuve de leur vénération pour leur fondateur, de leur goût pour la magnificence, et fournir à leurs détracteurs une occasion de plus de leur nuire en proclamant leur prodigalité. Je me suis fait admettre auprès du général. Le nom d'un révérend père Galliffet, anciennement fort vénéré

Le général des Jésuites.

dans l'ordre, m'a procuré un bienveillant accueil. Déjà le père Rotham était fort préoccupé des persécutions que son esprit pénétrant lui faisait prévoir de la part de ceux qui cherchaient à tout détruire ; mais ses craintes n'avaient alors que la France pour objet, et il était loin de s'attendre qu'elles s'étendraient jusqu'à Rome, et qu'il serait banni de sa demeure au nom de celui sur l'appui duquel il devait compter davantage.

D'après l'esprit de l'ordre et ses institutions, la charge de général, de qui tout dépend, auquel tout aboutit, qui doit juger les consciences et apprécier les capacités, qui abaisse tous les trois ans ceux qu'il a élevés et qui relève ceux qu'il a abaissés, pour maintenir cette abnégation complète, cette obéissance passive qui fait leur force et leur action, qui doit juger les temps, les lieux et mieux encore l'esprit de chaque gouvernement, pour imprimer, suivant les cas, une direction souvent si opposée, exige un homme d'une haute intelligence, et, dans des moments aussi graves, un génie supérieur.

Le révérend père Rotham me semble à la hauteur de la mission qui lui est confiée. Nul ne saurait le remplacer, et si son ordre succombe pour avoir excité l'envie ou comme un obstacle aux débordements du siècle, il laissera passer l'orage pour profiter des temps meilleurs. L'heure entière pendant laquelle il a eu l'extrême bonté de me retenir près de lui a été pour moi du plus grand intérêt.

LETTRE XXVII.

Rome, le.....

Audience du Pape.

Vous comprenez, ma bien chère dame, que nous ne voulions pas encourir le blâme d'*être venus à Rome sans voir le pape*. Aussi avons-nous pris nos mesures en conséquence. Notre position diplomatique, notre qualité de persistants légitimistes *quand même*, ne nous permettaient pas d'avoir recours, suivant l'usage, à l'ambassadeur de notre nation.

Cette circonstance s'étant fréquemment renouvelée, on a pris un moyen pour y obvier. Le révérend père V***, pénitentier pur sang, est chargé, dans ce cas, de transmettre directement les demandes au Saint-Père, — à la condition toutefois, pour les dames, de se conformer au costume de rigueur, qui doit être tout en noir; et la tête recouverte d'un grand voile, noir aussi et qui cache le plus possible ce qu'elles aiment à montrer. Ce voile est indispensable dans plusieurs circonstances. — Mieux vaudrait se passer de chemise !

Nous étions douze ce jour-là, presque tous Français, et chacun plus ou moins distingués ; nous étions six de notre bande, dont une jeune Anglaise protestante et fort préoccupée de son attitude pendant la réception. Ce n'est pas sans peine que nous sommes parvenus à la convaincre qu'il fallait s'abstenir ou se conformer à l'usage. La curiosité l'emporta sur les scrupules.

La réception devait avoir lieu dans la sacristie de la chapelle Sixtine, à cause des femmes, qui ne sauraient avoir accès dans les appartements intérieurs. Le père V*** nous précédait. N'ayant malheureusement rien changé à son costume en faveur du pontife ou de nous, il était demeuré d'une saleté repoussante malgré la fonction dont il était chargé ; je dois aussi dire à regret que, dans les divers rapports que nous avons eus ensemble, il nous a laissé une impression peu favorable de son esprit et de ses manières.

Un membre de la *famiglia* nous a ouvert la

porte ; un camerero segreto nous a accompagnés en nous indiquant la place où nous devions exécuter les trois génuflexions d'usage ; — une en entrant, la seconde au milieu, la troisième aux pieds de Sa Sainteté, qui nous présenta sa sandale. Nous regrettions, en la baisant, l'absence d'un tabouret qui eût rapproché la distance. Grégoire XVI était debout, adossé à son bureau. Son costume, entièrement blanc, était fort simple. Il n'était même pas assez blanc. Le mouchoir *bleu* dont il s'est servi pendant la réception était grossier et semblait avoir fait un long usage. Sa figure vénérable, son accueil rempli de bonté, son grand âge, les souffrances qu'il éprouvait périodiquement, par suite d'un érisypèle à la jambe, les tourments que devait lui causer moralement la désorganisation qui commençait à s'opérer autour de lui et qu'il ne se sentait ni la force ni les moyens de réprimer ; la discorde qui régnait déjà parmi ses conseillers les plus intimes, la certitude de sa fin prochaine, qui pouvait être un grand évènement, augmentaient encore notre respect pour sa personne.

Le père V***, qui remplissait les doubles fonctions de maître des cérémonies et d'interprète pour ceux qui ne parlaient pas italien, brillait par son absence de tact et de convenance. Tous ses soins se portaient sur les personnes les moins distinguées, qu'il trouvait plus à sa portée, apparemment. Il négligeait toutes les autres. Je pus, quand mon tour fut venu, me dispenser de ses services. Je savais que Grégoire XVI aimait à entendre parler italien, et la conversation se trouva prolongée. Enfin, après avoir entretenu tout le monde avec bienveillance et béni force chapelets dont ces dames s'étaient *chargées*, dans la force du terme, nous fûmes congédiés par un *adio* plein de bonté, après lequel le pontife se retira dans l'embrasure d'une fenêtre pour nous éviter de sortir à reculons, ainsi que nous aurions dû le faire en sa présence. En passant devant la porte par laquelle nous avions été introduits, le suisse tendit la main, comme un droit de sa place, nous dispensant ainsi d'une initiative à laquelle nous n'aurions, assurément, pas osé penser !

<small>Église de Saint-Clément.</small> L'église de Saint-Clément passe pour une des plus anciennes de Rome. Je ne pense cependant pas, ainsi que le custode l'affirme, que saint Pierre y ait dit sa première messe ; mais j'affirme que c'est celle qui rappelle mieux le type primitif de nos églises.

Le chœur et le maître-autel sont au centre de la croix grecque dont Saint-Clément a pris la forme. Ce maître-autel, revêtu de beaux marbres, renferme plusieurs reliques vénérées. Le plafond de la nef est richement décoré et, aux deux côtés, se trouvent les jubés servant de chaires, où se lisaient les épîtres suivant le rite grec et le rite latin.

Au fond du sanctuaire on remarque des siéges en marbre destinés aux officiants, un beau tombeau, de charmants détails de sculptures et de belles peintures.

Le Musée de Saint-Jean-de-Latran, ou Grégorien, est particulièrement destiné à des plâtres. On y voit une statue d'Antinoüs, dont les dimensions sont colossales; quelques fragments et des mosaïques récemment transportées des Thermes de Caracalla. {Musée de St-Jean-de-Latran.}

Ce Musée paraît bien peu de chose auprès de ceux du Vatican et du Capitole.

Nous avions réservé le palais Doria pour terminer notre journée. Ses trois façades de différentes architectures, sont toutes belles et richement décorées. Sa cour est vaste; les arcades, dont les portiques sont soutenus par des colonnes venues de loin, laissent au centre un parterre rempli de fleurs, {Palazzo Doria.}

et au-dessus, sauf le quartier réservé à la famille, d'immenses galeries contiennent d'innombrables tableaux dont la quantité n'exclut pas les mérite, mais dont on se sent fatigué d'avance malgré soi.

C'est une suite de chefs-d'œuvre ; je me plais à le proclamer. Et, bien que la plupart ne soient pas dans leur jour, la variété des sujets, la diversité des écoles, la supériorité de chaque maître, éblouissent et suffoquent en même temps.

Je voudrais croire que les custodi, qui se remplacent à chaque salle, n'ont d'autre but que de mieux renseigner les visiteurs ; mais nous avons eu la preuve à nos dépens, que c'est seulement pour multiplier leur salaire.

Enfin, après quelques heures employées là où il faudrait s'arrêter plusieurs mois si on voulait agir en connaisseurs, il nous tardait de regagner notre gîte avec la volonté de ne plus rien admirer pendant le reste de la journée.

La Famiglia. Alors nous fûmes assaillis par des quémandeurs d'un autre genre. C'étaient les membres de *la famiglia* ou, si mieux vous aimez, les domestiques du Saint-Père, venant en nombre et en grande livrée nous féliciter de la faveur que nous avions reçue en étant admis chez Sa Sainteté, et réclamer le salaire qui leur était dû; il fallut donc se conformer de bonne grâce à cet usage, lequel, au reste, est tellement répandu, que si vous êtes engagé à dîner quelque part, si on vous fait savoir un mariage, une naissance ou même un enterrement, les serviteurs se croient le droit de venir vous féliciter, à charge par vous de rétribuer chèrement cette courtoisie de bas étage.

Je ne m'étonne pas si les seigneurs de Rome ont un si grand nombre de domestiques et sont en général si mal servis. Ceux-ci font entrer *les compliments* dans la partie la plus lucrative de leurs gages, et s'occupant dès lors avant tout de leurs intérêts, négligent à proportion le service de leurs maîtres qui ne sauraient se plaindre par la raison que *tel est l'usage*.

LETTRE XXVIII.

Rome, le.....

Je vous ai montré le Colysée en plein jour; je vous l'ai indiqué la nuit aux flambeaux : c'est encore autre chose par un beau clair de lune; il en résulte une teinte mystérieuse qui porte au re-

<small>Le Colysée au clair de lune.</small>

cueillement, une dégradation dans les tons qui fait mieux ressortir tout l'ensemble. On voudrait évoquer les ombres des grands hommes qui s'y sont succédé; on aime à s'y rappeler les belles pages de l'histoire; on pourrait y rêver long-temps à ses affections et à ses regrets. Après avoir joui de ce spectacle grandiose dont aucun bruit ne venait troubler le recueillement, nous avons voulu prolonger cette impression en parcourant de même toutes les ruines du Forum, qui, à leur tour, se montraient sous un nouvel aspect : ce ne saurait être une inspection de détail, mais il en résulte une vue d'ensemble dans un cadre harmonieux et qui a son mérite.

Je me dispense avec raison de vous ramener dans les endroits où je suis revenu bien souvent, et toujours avec plus d'intérêt : Saint-Pierre, par exemple, où il faut retourner sans cesse, le Forum, certaines ruines et divers sites que je ne puis me lasser d'admirer. Je me borne à grouper mes impressions pour leur donner de la variété.

Les Jardins de Salluste. Les Jardins de Salluste témoignent du goût de l'historien pour les délassements champêtres : ils durent plus tard à leur magnificence les honneurs impériaux. Un cirque paraît y avoir été construit;

on y retrouve encore un temple dédié à Vénus sous le nom de *Venera Regina*, et, non loin, la prairie où l'on enterrait les vestales coupables, qui s'appelaient *sepulte vivè*, et qui payaient bien cher le crime d'avoir cédé aux lois de la nature et aux séductions de l'amour !

Le Sepulte vive.

C'était enfin le tour de la villa Borghèse dont je vous ai montré l'entrée en arrivant par la porte du Peuple, et qui n'est séparée du monte Pincio que par le mur d'enceinte qui ferme Rome de ce côté.

Villa Borghèse.

Les jardins sont publics. L'usage en est tellement consacré à Rome, qu'il en est ainsi, sauf de très rares exceptions. On travaille à détruire l'uniformité des anciens plans à l'aide du parcours de quelques allées circulaires, de plantations bien entendues et de mouvements de terrains bien dirigés ; mais l'ensemble est encore le même ; dès lors, des jets d'eau, des cascades, des monuments et des fabriques parmi lesquels la *villa de Raphaël*, le temple de Diane et celui d'Esculape occupent la première place.

La maison est entièrement transformée en musée : c'est à peine si on y trouve un fauteuil pour se reposer, et j'affirme que l'on chercherait en vain un lit pour y coucher.

Parmi les statues, les bronzes, les bas-reliefs, les tableaux et les fresques qui ont de la peine à y trouver place, on s'arrête, au premier étage, devant *la Vénus Pauline*, si exactement copiée par Canova, qui dut à son talent sans pareil le droit de reproduire cet ensemble idéal des perfections humaines. Cette statue, couchée et sans autre voile que des cheveux fort relevés, avait été l'objet d'une remarque, quelqu'un disant à la princesse, avec autant de malice que d'à-propos, qu'elle devait avoir eu froid en posant ainsi devant l'artiste. « Mais non, dit-elle, Canova avait le soin de faire chauffer long-temps d'avance son atelier. »

Théâtre Argentina.

Fanny Essler.

Nous sommes allés, hier au soir, voir, dans la salle du théâtre Argentina, une ancienne et toujours charmante connaissance : c'est vous nommer Fanny Essler. Après avoir récolté des trésors et des ovations sans exemple jusqu'alors aux Etats-Unis, avoir mis en ébullition les têtes et les cœurs de ces graves républicains, et porté à plaisir le trouble au sein des mœurs patriarcales si renommées dans ces contrées, elle avait voulu exercer l'empire de ses séductions au milieu de la ville sainte et y chercher de nouvelles victimes. C'était renouveler la tentation de saint Antoine avec des chances plus lucratives.

La salle était comble, les loges hors de prix, ce qui semblait une raison de plus pour en vouloir. Le cardinal gouverneur, usant des droits de sa charge, figurait au premier rang de l'avant-scène entouré de tout son cortége. Nombre de Monsignori n'avaient changé que leur costume, et je pourrais même en citer un qui, voulant concilier ses fonctions de cameriere segreto du Saint-Père avec le plaisir qu'il désirait se procurer, occupait une place au fond de notre loge à sa très grande satisfaction. Il faut vous dire que, dans les mœurs romaines, le spectacle n'est nullement prohibé aux prêtres; cependant il en est qui commencent à y mettre quelque réserve.

Fanny Essler, pour son début, avait choisi le ballet de *Psyché* qui la mettait à même de faire briller tout son talent. Son costume, tel qu'elle l'aurait porté à Paris, rehaussait tous ses avantages : il me semblait l'avoir vue la veille à l'Opéra. Dix ans d'absence n'avaient produit aucun ravage, et l'habitude des triomphes avait donné plus de charmes à son talent.

Jamais je ne l'avais trouvée aussi ravissante;

mais jamais aussi je n'avais été témoin d'un pareil enthousiasme ; j'ai cru que la salle s'écroulerait au bruit des applaudissements. A chaque scène, elle était redemandée à plusieurs reprises, et je présume qu'à la longue elle eût préféré plus de repos et moins de gloire. Mais tel est l'usage en Italie : quand le public est satisfait, il le témoigne bruyamment ; au milieu de la situation la plus pathétique, l'actrice ou l'acteur applaudi s'interrompt pour faire de nombreuses révérences à titre de remerciements, et reprend ensuite, tant bien que mal, son attitude. Je ne sache rien qui nuise autant à l'effet théâtral.

Pour en finir avec Fanny Essler, il en a été ainsi pendant tout le temps de ses représentations, dont chacune lui rapportait plusieurs mille francs, des fleurs à profusion et beaucoup d'offres de service.

La reine de Naples ayant mis pour condition à son engagement au théâtre Saint-Charles, qu'elle s'affublerait du petit vêtement vert prescrit aux danseuses pour cause de chasteté, elle se refusa à ce qu'elle regardait comme une ignominie, et put ainsi prolonger son séjour à Rome à la satisfaction générale, la souveraine n'ayant voulu faire aucune concession à la déesse de la danse.

Ce récit ne nous ramène pas trop à l'église des Douze-Apôtres, par laquelle nous devions débuter le lendemain. Je ne vous y retiendrai pas longtemps. Deux mots sur deux tombeaux qui décorent la nef; une mention sur celui d'un pontife qui écrase la porte de la sacristie et qui ne me paraît pas être le chef-d'œuvre de Canova; d'autres tombeaux dans cette sacristie, et auprès, celui de Michel-Ange, dont le principal mérite est dû à la dépouille mortelle du célèbre artiste. *Église des Douze-Apôtres.*

Le pont dei Quattro-Capi nous a conduits dans l'île Tibérienne dont je vous ai dit l'origine sans en faire un article de foi, et le pont Gracien nous a fait arriver al Transtevere.

Vous savez que ce quartier passe, au dire de ceux qui l'habitent, pour conserver, dans sa pureté, la race des premiers Romains. Je me garderais bien d'en répondre; toutefois, cette population, séparée de Rome autant et plus encore par ses mœurs et ses coutumes que par le fleuve qui forme ses limites, ayant son port particulier sous le nom de Ripa-Grande, ses églises nombreuses, ses palais, ses monuments et même ses villas renommées, pourrait avoir raison. *Transtevere.*

Port de Ripa-Grande.

Les principales églises sont : celle de Sainte- *Sainte-Cécile.*

Cécile, édifiee sur le lieu de son martyre; une partie de sa voûte est revêtue d'antiques mosaïques; la statue de la sainte repose sous le maître-autel; le dallage qui l'entoure est en albâtre.

Sainte-Marie-in-Transtevere.

Celle de Sainte-Marie-in-Transtevere, qui a remplacé l'hospice des Invalides de ces temps reculés, lequel ne laissait plus à Louis XIV que le mérite de l'imitation. Cette église est une des plus ornées que nous ayons parcourues. Ses colonnes sont antiques; leurs chapiteaux sont égyptiens; le dallage de ses nefs est en marbres précieux et variés. Le plafond est orné de peintures rehaussées par de riches dorures. Les colonnes du baldaquin sont en porphyre, et diverses parties, en comprenant la coupole du chœur, sont recouvertes de mosaïques.

Les églises de Saint-Chrysogone et de Saint-Pierre-in-Montorio mériteraient aussi d'être décrites.

Maison de la Fornarina.

En nous rendant à la Farnesina, notre cicerone nous a montré la maison de la Fornarina, cette beauté qui a exercé tant d'influence sur l'existence de Raphaël, à laquelle il ne demandait que de l'amour en échange de la célébrité qu'il l'appelait à partager, et qui lui voua tant d'amour, qu'il abrégea son existence en s'efforçant d'y trop répondre;

réalisant l'allégorie de Titon et de l'Aurore, qui, jusqu'à lui, avait passé pour une fiction poétique, et dont il avait immortalisé le sujet, ne pensant pas retracer d'avance son histoire.

Les plafonds du rez-de-chaussée de cette Farnesina, — appartenant au roi de Naples, — sont peints par Raphaël ou par ses principaux élèves. L'un retrace les amours et les disgrâces de Psyché; l'autre la Galathée. *La Farnesina.*

Le palais Corsini contient dans ses immenses proportions des statues, des tableaux, des mosaïques, des fresques et, par extraordinaire, une bibliothèque nombreuse et bien choisie. Du haut de Saint-Gracien, qui occupe une partie du mont Janicule, on voit Rome dans son entier et sa campagne sans limites. Passons al palazzo Farnese, construit, ainsi que je vous l'ai dit, avec des coupables mutilations provenant du Colysée; il est aussi au roi de Naples et sert de demeure à son ambassadeur. Deux cuves en porphyre, trouvées dans les Thermes de Caracalla, tiennent lieu de vasques aux deux fontaines qui coulent sur la place. Dans la cour intérieure est le tombeau de Cecilia Metella, soustrait au monument destiné à le recouvrir. Les plafonds des galeries supérieures sont ornés *Palazzo Corsini.* *Palais Farnèse.*

de fresques justement renommées, entre autres celle due au pinceau d'Annibal Carrache.

Escalier Braschi. Notre cicerone, un peu malin, nous a fait voir l'escalier du palais Braschi, qu'il mettait, tout moderne qu'il est, au nombre des miracles de saint Pierre.

Eccelenza la famiglia Braschi était fort pauvre tant sous le rapport de la naissance que sous celui de la fortune. Le caprice d'un précédent pape fit un de ses membres cardinal. Cette illustration inattendue fut le principe des richesses qui le mirent à même de construire ce superbe escalier. J'ai donc raison de dire que c'est un des miracles de saint Pierre!

LETTRE XXIX.

Rome, le.....

Nous avions assez vu pour le moment de palais et d'églises; nous avions grand besoin de respirer un air pur, et, nous dirigeant vers la porte Portese pour suivre la nouvelle enceinte de fortifications jusqu'à celle de Saint-Pancrace, — que nous ignorions devoir, plus tard, jouer un grand rôle dans les destinées de Rome républicaine, nous nous sommes rendus à la villa Pamphili, la plus vaste, la plus riche, la plus ornée de toutes celles que le public est admis à admirer.

Villa Pamphili.

Le Casino est rempli de chefs-d'œuvre ; de sa terrasse supérieure on jouit de la vue la plus étendue. Des fouilles récentes ont fait découvrir plusieurs columbarii curieux par leur forme et par les objets qui s'y retrouvent ; ses allées sont à perte de vue et décorées de statues ; ses pins sont les plus nombreux et les plus beaux qui se voient aux environs ; mais je ne saurais laisser sans critique les buis de son parterre, torturés à grand' peine pour dessiner les armes des Doria. L'orgue, que l'eau fait mouvoir sans qu'il en résulte aucun son que l'on puisse vouloir entendre, et surtout les jets d'eau *en surprise*, qui vous arrosent complètement.

Tout ceci nous a semblé de très mauvais goût.

Nous préférions, en fait d'eau, celle de la fontaine Pauline, qui jaillit sur le sommet du Janicule, où elle coule en abondance entre de belles colonnes avant de répandre ses bienfaits dans Rome ; que de beaux aqueducs amènent de fort loin, et pour laquelle des lacs entiers ont été rendus tribu-

Fontaine Pauline.

taires. Après avoir encore revu tout Rome de ce côté, nous sommes descendus à Saint-Pierre-in-Montorio, église la plus élevée de toute la cité, et dans le cloître de laquelle on peut prier sur la place où le saint Apôtre subit son long et cruel supplice.

Saint-Pierre-in-Montorio.

Le lendemain, nous partions de bonne heure; nous laissions à notre gauche le lac de la Solfatara, dont les émanations nous étaient déjà trop nauséabondes à cette distance ; et, après avoir examiné rapidement les ruines du tombeau de la famille Plautia, qui se voit à gauche de la route, notre impatience nous a fait trouver le temps long et l'ascension fort raide avant de parvenir à Tivoli.

Tivoli.

Tombeau de la famille Plautia.

Vous comprenez que notre premier soin, à peine avions-nous mis pied à terre, a été de nous faire montrer le temple de Vesta. La belle vue dont on jouit du balcon de l'auberge où l'on conduit les voyageurs, était loin de nous satisfaire. En même temps que nous admirions ses ruines élégantes et pas mal conservées, notre attention se portait, malgré nous, vers la cascade, que la position du temple sur un rocher taillé à pic, nous permettait de dominer.

Temple de Vesta.

Auprès, un autre temple dédié à la Sibylle, a

Temple de la Sibylle.

été transformé en chapelle. Au milieu d'une descente rapide, quoique tracée en rampe, nous avons traversé une galerie taillée dans le roc et éclairée par plusieurs ogives qui laissent voir le fond de la vallée. Ensuite, les vestiges de la grotte de Neptune ont donné lieu à des regrets; mais celle des Sirènes nous a complètement dédommagés, par les rochers fantastiques et multipliés contre lesquels les eaux se brisent avant de reprendre leur cours au fond de la vallée, pour se réunir ensuite à celles de la cascade principale et concourir aux cascatelles.

Grotte des Sirènes.

Après avoir parcouru en tous sens et pendant plus de deux heures les nombreux sentiers qui sillonnent cette délicieuse vallée en la montrant sous tous ses aspects, nous sommes venus nous placer au pied des temples déjà cités, où un aubergiste intelligent a établi son industrie. Son déjeuner n'avait besoin ni de la fatigue que nous éprouvions, ni du cadre qui l'entourait; et, après avoir repris des forces très suffisantes, nous sommes repartis pour de nouvelles excursions. Celles-ci devant être plus lointaines, il fallut se pourvoir de montures pour les dames, et, après avoir fixé leur choix, nous fûmes suivis long-temps

Déjeuner champêtre au pied des Monuments.

par ceux qui prétendaient avoir droit à leur préférence, et dont quelque monnaie put seule nous débarrasser.

<small>Grande Cascade vue par dessus.</small>

Nous sommes sortis de Tivoli par la porte Saint-Ange, après avoir traversé l'Anio sur un beau pont et revu dans son ensemble la vallée que nous venions de parcourir en détail. Au pied du mont Catilius, nous avons franchi les eaux servant à la cascade, et auxquelles on venait d'ouvrir un double passage pour remplacer celui qu'elles avaient entraîné dans leur furie. Nous avons pu admirer ainsi sa chute et jouir d'un nouvel effet. Ensuite, et toujours en descendant, nous avons bu à la fontaine de Catulle, seul souvenir de son séjour; puis

<small>Maison d'Horace.</small>

la maison d'Horace, où il aimait à s'inspirer en présence des cascatelles et du panorama que présente la ville antique. Nous nous sommes reposés sur des bancs en rotonde, auxquels on a donné le nom de Circo del Papa; et, tournant à gauche pour traverser les ruines de la campagne de Quintilius Varus, nous sommes venus nous placer en

<small>Cascades et Cascatelles.</small>

face des trois cascades, suivies des cascatelles, et plus loin des cascatellines sortant des ruines de la maison de Mécène, et que les pluies précédentes nous montraient avec tout leur charme. Pour parvenir à celles-ci, nous avons traversé l'Anio — rendu tout à lui-même — sur un pont en bois dont la vétusté pourrait inspirer quelques craintes sans lui donner le mérite de l'antiquité. Ensuite, après avoir maugréé contre les dalles pointues dont se formait la voie Tiburtine, contre la longue montée que celle-ci parcourait, et contre un soleil ardent pendant une course de trois heures, nous nous sommes arrêtés à la villa de Mécène, en souvenir de ce protecteur des lettres, qui passait son temps à adorer sa femme quand il l'avait chassée, et à s'en séparer dès qu'il l'avait reprise. *Villa de Mécène.*

Ces ruines sont nombreuses, mais ne conservent aucun cachet.

Le temple de **la Toux** mérite à peine une mention. La villa d'Este présente de ce côté de beaux jardins en terrasses superposées. Le palais est vaste; on y parvient par des rampes bien ménagées, ensuite il faut monter plusieurs degrés pour parvenir au péristyle. De l'autre côté, nous nous trouvions au niveau de la rue; nous étions loin de nous en plaindre, et, n'ayant plus rien à voir à Tivoli, nous nous sommes hâtés de retrouver nos voitures, d'autant que notre journée n'était pas encore terminée. *Temple de la Toux.* *Villa d'Este.*

Villa Adriana. Nous devions nous arrêter au retour à la villa Adriana, construite en l'an 120 par l'empereur Adrien, qui, lui donnant son nom, voulut la doter avec magnificence. Ses murs comprenaient une enceinte de plusieurs milles ; ses fabriques étaient la représentation des merveilles qu'il avait vues dans les différents pays où il avait porté ses armes triomphantes. Les matières les plus précieuses venaient de loin, pour construire ou pour décorer ces édifices ; et, pour varier ses points de vue, il creusait de longues vallées et créait plus loin des montagnes. De tous ces chefs-d'œuvre il ne reste que d'informes ruines. Un des théâtres seul pourrait se reconnaître ; quelques vestiges de peintures servent à faire apprécier le talent des artistes qui y avaient été employés. Les thermes ni les casernes, les lacs ni les rivières, le Ténare ni les Champs-Elysées ne laissent non plus que des traces fort incertaines ; et, quant au temple de Vénus, la sybille qui s'est offerte pour nous y introduire était encore plus décrépite que les débris qu'elle prétendait nous montrer : ce n'était pas la peine de prolonger notre route par d'aussi mauvais chemins.

Mieux eût valu demeurer sur les impressions que nous rapportions de Tivoli.

LETTRE XXX.

Rome, le....

Après une journée aussi complète, vous espérez peut-être obtenir quelque repos ; mais c'est le cas de dire comme Rodrigue en parlant du Cid à Chimène :

Il a repris haleine en vous le racontant.

Nous avons donc recommencé, toujours avec un nouveau plaisir ; et, jetant en passant un coup d'œil sur la belle façade du palais Altieri formant tout un côté de la piazza del Jesu, nous sommes allés voir les vestiges du palais de Marius et les ruines de l'aqueduc à l'aide duquel ce préteur dota la ville des eaux de l'Anio, amenées de fort loin. *Palais Altieri.* *Vestiges de Marius.*

La basilique de Sainte-Croix-de-Jérusalem devait nous offrir divers genres d'intérêt. D'abord, vous ne seriez pas femme, — et vous perdriez ainsi vos plus grands avantages, — si vous ne conveniez pas que les choses difficiles sont celles auxquelles on attache plus de prix. *Sainte-Croix-de-Jérusalem.*

Eh bien ! le pape seul peut accorder la permission d'adorer les saintes reliques qui y sont renfermées. Il faut être accompagné par un évêque, tout au moins, et ne pas être plus de six. Un cardinal de mes amis se chargea d'obtenir la permission, *per grazzia*, signée par le Saint-Père en personne. Nous nous munîmes d'un archevêque, fort satisfait de profiter de l'occasion, et la bonté du révérend père abbé le rendit indulgent sur le nombre, après avoir cependant, pour la forme, élevé quelques difficultés.

Quelques mots sur cet édifice, je ne saurais y revenir après.

La façade est grandiose; le couvent des moines de l'ordre de Citeaux, auxquels le soin en est confié, se trouve auprès. La nef est belle. Sous l'autel à baldaquin richement décoré, reposent deux saints que l'on suppose intacts, ce dont personne n'est admis à s'assurer. Sainte Hélène le fit construire pour y déposer une portion de la vraie croix qu'elle avait été chercher à Jérusalem, et qui, depuis, a été entourée de reliques non moins précieuses.

C'est ce morceau de la vraie croix qui fournit les parcelles dont le pape gratifie les souverains, et les portions imperceptibles auxquelles les dévotes attachent tant de prix.

Dans la chapelle dédiée à sainte Hélène, on voit, parmi plusieurs fresques, celle qui représente le miracle à l'aide duquel la mère de l'empereur Constantin parvint à constater l'identité de la croix ayant servi au Sauveur du monde.

Pendant cette visite, le vénérable abbé auquel on avait porté la permission qui nous avait été donnée, s'était muni des clés dont seul il a le droit de faire usage ; et, après un accueil plein de bonté, nous a précédé par un escalier en spirale fermé par plusieurs grilles et aboutissant à la chapelle où les saintes reliques sont constamment exposées. Jamais gardien ne fut plus en rapport avec la mission qui lui était confiée ! Je me figurais un saint oublié sur la terre pour l'édification de ceux avec lesquels il se trouvait en contact.

Dans la petite pièce qui précède la chapelle, se trouve la fenêtre par laquelle, à un jour donné, on présente les saintes reliques à l'adoration de la foule, qui s'y rassemble dans ce but.

Ces reliques consistent, ainsi que je l'ai déjà dit, dans le plus grand morceau connu de la vraie croix, enfermé sur l'autel dans un reliquaire en cristal de roche enchâssé de vermeil ; un des clous qui ont servi à y attacher notre divin Sauveur, plus deux épines de sa couronne et deux de ses cheveux alors qu'il était enfant. Tous ces objets sont de même recouverts de cristal de roche.

Ensuite, l'écriteau écrit dans les trois langues, hébraïque, grecque et latine, et dont il reste la majeure partie, plus, une des traverses de la croix du bon larron.

Après avoir adoré en détail chaque objet, le révérend abbé nous proposa de les faire toucher par les chapelets déjà bénis par le Saint-Père, qui auraient ainsi bien plus de prix. J'obtins la permission de les envoyer le lendemain, et je m'empressai de les porter moi-même. Je voulais revoir le saint abbé; il m'avait été à l'âme. Je sentais que si je demeurais long-temps auprès de lui j'aurais la chance de devenir meilleur.

Lorsqu'il apprit que j'étais là, il eut l'extrême bonté de me faire appeler pour assister à la cérémonie, et après avoir mis en contact nos nombreux chapelets avec toutes les reliques, il voulut y joindre la même bénédiction pour mon compte. Je lui demandai la sienne qui ne pouvait y rien gâter; et, après m'avoir embrassé avec effusion, il me remit, à titre de souvenir, plusieurs fac-simile de l'écriteau, une imitation bénite du saint clou et divers authentiques pour en constater l'identité.

J'ai fait hommage de ces reliques à une ancienne et tendre amie, bien plus digne que moi de les posséder, et dont la perte récente me laissera d'éternels regrets.

En suivant les ruines d'un ancien aquéduc, et après avoir vu les restes — contestés — du temple de Vénus et de Cupidon, nous sommes parvenus à la porte Maggiore, où se réunissaient les aquéducs qui alimentaient Rome, et d'où se subdivisent encore les eaux qui coulent sur les fontaines. On s'étonnerait du nombre de ces aquéducs et des sommes immenses qu'ils avaient coûté, si on ne se rendait compte des thermes, des naumachies, des salles de bains dans les maisons, et des fontaines auxquels il fallait pourvoir au temps de la splendeur de Rome et pour ses innombrables habitants.

Temple de Vénus et de Cupidon.

Porte Maggiore.

En sortant de la porte ainsi couronnée par les aquéducs, on voit les restes d'une maison désignée sous le nom de Marcellus, et dont les bas-reliefs représentent les attributs de la boulangerie : la statue de sa femme et la sienne sont en face. Sur la droite, les vestiges de l'amphithéâtre Castrense, consacré aux combats des hommes contre les ani-

Maison de Marcellus.

Amphithéâtre Castrense.

maux, et enclavé, en partie, dans la nouvelle enceinte ; auprès étaient les bêtes féroces qui servaient à ces délassements barbares.

Porte San-Lorenzo.

Saint-Laurent-hors-les-Murs.

C'est par la porte San-Lorenzo que nous fûmes rejoindre extérieurement, qu'il faut se rendre à la basilique de Saint-Laurent-hors-les-Murs, construite sur le temple de Mars, dont l'ancien sol, déblayé du côté du chœur, laisse voir dix colonnes et de belles frises rapportées. La partie neuve est grandiose ; les nefs sont séparées par de belles colonnes en granit. Auprès de la porte et dans une tombe antique dont les bas-reliefs représentent un mariage, est venu prendre place un cardinal. Au centre se trouvent les deux chaires, dont l'une est en porphyre, et toutes deux encadrées par d'anciennes mosaïques. On nous a montré l'ancien siége pontifical en marbre incrusté de pierres précieuses ; le marbre troué en plusieurs endroits, où saint Laurent fut mis à refroidir après avoir subi le martyre, tel qu'on le représente :

« Semblant crier à ses bourreaux
» Qu'il a les reins cuits à propos
» Et qu'on le tourne sur le ventre. »

Il s'y trouve encore des traces de sang et de graisse.

Ensuite, après être allés chercher des indulgences auxquelles on nous a recommandé de croire, à peine de ne pas y avoir droit, et nous être réservés pour d'autres Catacombes plus curieuses qui nous avaient été promises, nous sommes allés voir le cimetière, divisé en trois cent soixante-six caveaux, scellés par autant de dalles, dont une, soulevée chaque jour pour donner passage à la mort, se referme hermétiquement au bout des vingt-quatre heures jusqu'au prochain anniversaire. *Nouveau cimetière*

Les habitants de cette partie de Rome dont les familles n'ont pas de chapelle particulière, sont inhumés dans cette enceinte, où quelques places privilégiées sont achetées au poids de l'or.

L'église de Saint-Ignace fait partie du Collége romain. Rien n'a été épargné, ni travail, ni matière, en faveur du fondateur de l'ordre des Jésuites, dont le corps repose, après les persécutions dont il fut l'objet et le triomphe dont il acquit la gloire, dans une tombe de lapis-lazuli placée sous l'autel de saint Louis de Gonzague. *Église Saint-Ignace.*

L'apothéose de ce saint, entre quatre colonnes de vert antique, l'autel en face orné de même, un magnifique tombeau du cardinal Ludovisius, les élégants pilastres qui divisent les nefs, les colonnes de jaune antique, ainsi que la balustrade qui entoure le chœur, les peintures et les ornements du plafond sont parfaits.

Saint-Martin-in-Monte.

L'église de Saint-Martin-in-Monte offre le singulier spectacle de deux églises superposées, l'une et l'autre grandioses, la première bien conservée, quoique bâtie par Constantin (300 et quelques). On admire, dans l'église supérieure, les belles colonnes antiques qui la divisent ; on monte au chœur, plus élevé, par deux beaux escaliers en marbre, au milieu desquels un troisième escalier de la même largeur conduit, en descendant, à la partie souterraine, soutenue par de riches colonnes et où se trouve le tombeau du saint patron accompagné de quelques autres.

De là on s'introduit dans la primitive église, où eurent lieu divers conciles, au nombre desquels on cite, entre autres, celui tenu par saint Sylvestre, trente-troisième successeur de saint Pierre, en l'année 324, et qui a laissé de grands souvenirs.

Cette église, demeurée sans emploi, se composait aussi de trois nefs : il y reste un autel et des dégradations de mosaïques peu recherchées. Derrière le maître-autel de l'église supérieure, riche par sa matière et par ses ornements, on montre un Ecce Homo renommé, et sur les murs des nefs latérales, des peintures des deux Poussin, souvenirs de deux gloires françaises.

Je me tais sur bien d'autres églises d'un intérêt fort secondaire, et où nous avons été conduits pour nous conformer à l'usage, et je reviens aux Catacombes de Sainte-Agnès, où l'on pratique de nouvelles fouilles, et pour lesquelles il nous avait fallu une permission spéciale du Père général des Jésuites aux frais duquel ces fouilles sont pratiquées. Cette autorisation et celle pour Sainte-Croix-de-Jérusalem sont les seules auxquelles on ne puisse pas suppléer avec de l'argent. Habitué à toujours payer, on regrette presque une exception qui donne lieu à plusieurs démarches.

Ces Catacombes sont à peu de distance de l'église dont elles portent le nom : une petite porte cachée au milieu d'une vigne étendue, est l'unique entrée par laquelle on puisse s'y introduire ; un passage étroit sur un sol glissant se prolonge ensuite, et, sans le secours des torches dont le custode a le soin de munir chaque visiteur, on aurait de la peine à suivre son chemin.

Ces Catacombes sont les plus vastes après celles de Saint-Sébastien ; mais on leur attribue plus de

Catacombes de Sainte-Agnès.

mérite. Elles étaient à deux étages. Les eaux ayant envahi la partie inférieure, nous avons été privés d'y descendre; les recherches n'ayant d'autre objet que de retrouver les reliques des saints martyrs, on s'arrête là où l'on croit avoir tout découvert : il en résulte un labyrinthe, si mieux n'est un chaos, dans lequel la grande habitude du guide ne l'empêcherait pas de s'égarer, sans quelques signes à l'aide desquels il supplée à ses souvenirs. Les nombreux corridors qui se croisent dans tous les sens, contiennent, à droite et à gauche, les sépultures. Celles des saints martyrs se reconnaissent par des fioles contenant quelques gouttes de leur sang et incrustées au pied de leur tombeau : ceux dont le sang n'avait pu être recueilli sont distingués par une palme placée au même endroit. Quant aux autres, classés parmi le vulgaire, on se dispense de troubler leur repos.

Les précédents sont, en revanche, l'objet de la plus grande vénération. Leurs corps, s'ils sont intacts, ou les vestiges que l'on retrouve, sont transportés à la Propagande, après avoir été numérotés, et, comme il est impossible de leur donner un nom, sous peine de contredire le Martyrologe, on les emploie à suppléer aux saints plus en renom et dont la dévotion a plus tôt épuisé les reliques. Ainsi, si l'on n'a plus de saint Pancrace, N° 1,000 est admis à le remplacer dans la croyance des fidèles; saint Polycarpe vient d'avoir son tour : il en est d'autres plus demandés qui en sont à leur cinquième ou sixième substitution. Qu'importe, au fait, puisque c'est la foi qui sauve! Ce ne sont pas moins de saints martyrs, sous quelque nom qu'on les présente; et cette pieuse fraude, — si c'en est une, — devient ainsi fort innocente. D'ailleurs, ceux qui la commettent ont le soin de s'absoudre d'avance en faveur du bon motif.

Ces corridors multipliés, suivant le nombre de ceux qui venaient y chercher un refuge contre les persécutions de la foi, et où ils creusaient leur lit, qui, plus tard, devenait leur tombeau, laissent de place en place des excavations plus spacieuses. Les unes contenaient un autel et servaient à célébrer les saints mystères; les autres étaient employées aux instructions : chaque sexe occupait un des côtés; aucun contact n'était toléré entre ceux qui, soumis chaque jour aux chances du martyre, devaient toujours être en état de paraître devant Dieu. Plusieurs employaient les loisirs que leur laissait la prière à décorer leur sombre retraite. On y voit encore quelques fresques étonnamment conservées malgré l'humidité. On affirme que les corps de saint Pierre et de saint Paul sont demeurés long-temps cachés dans une de ces chapelles, avant de recevoir les honneurs qui leur ont été rendus.

Il serait à désirer qu'un déblaiement mieux entendu permît de parcourir plus librement ces demeures souterraines, en évitant les dangers contre lesquels les avertissements du custode ne sont pas toujours suffisants.

LETTRE XXXI.

Rome, le.....

Place d'Espagne.

Sainte-Trinité-du-Mont.

Après cette excursion lugubre, je serai bien venu, je l'espère, à vous parler de la jolie place d'Espagne, que j'allais oublier, sans doute par la raison que c'était là où nous logions; de sa fontaine en forme de navire, de la belle perspective que présente l'église de la Trinité-du-Mont, des nombreuses marches en marbre à l'aide desquelles on y parvient, des beaux tableaux que l'on y montre, et même de l'éducation que l'on y donne sous la direction des dames du Sacré-Cœur, qui y ont établi une de leurs principales-succursales.

De là nous irons au palais Médici, édifié en 1540 par le cardinal Ricci, et substitué au palais mancini pour établir l'Académie de France, où les *grands prix* vont se perfectionner gratis pendant trois ans en présence des meilleurs modèles. Ensuite nous viendrons revoir le monte Pincio, — cette délicieuse promenade, bois de Boulogne de Rome, où la mode ramène chaque jour, — nous pénétrer du panorama au centre duquel une tour dite de Néron se retrouve dans le jardin de l'église de Sainte-Marie-de-Sienne, où je chercherais vainement autre chose, et nous descendrons al palazzo Borghese, où, en outre d'une gracieuse réception que nous devions à notre qualité de compatriotes, et à d'anciennes relations de famille, nous aurons encore beaucoup de chefs-d'œuvre à apprécier. {Académie de France.} {Tour de Néron.} {Palais Borghèse.}

Nous nous bornerons à la façade du palais Torlonia ; dans l'intérieur, on ne remue que de l'or, et ayant refusé des lettres de crédit dont on m'avait engagé à ne faire d'autre usage que de donner lieu à des invitations, — sous peine de payer trop cher l'argent que j'irais y demander, — je préférais me dispenser de l'aspect du propriétaire. En revan- {Façade Torlonia.}

Palais Rospigliosi.

che, j'ai réservé pour le bouquet, le palais Rospigliosi, où, après avoir admiré plusieurs toiles de Raphaël, de Carrache, du Guerchin, de Rubens et beaucoup d'autres, il faut tomber en extase devant l'*Aurore* du Guide, qui décore la coupole d'un monument placé dans le jardin. Le custode, homme de tact et d'expérience, nous a invités à nous coucher sur le dos pour voir ainsi plus à notre aise et admirer ce chef-d'œuvre sans craindre de nous tordre le cou. Par réciprocité de services, je l'ai engagé à se pourvoir d'une brosse dont le secours nous eût été fort nécessaire, et qui lui vaudrait, sans nul doute, un double salaire, — ce qui donnait à ses yeux *plus de prix* à mon avis. Quant au sien, j'ai su depuis qu'il l'avait *emprunté* au comte de Stendal, qui en avait le premier fait usage pour le plafond de la coupole Rospoli.

N'allez pas, je vous en supplie, y trouver le sujet d'un méchant jeu de mots.

Tombeau de Cecilia Metella.

Le lendemain, nous faisions nos adieux au tombeau de Cecilia Metella, dont je ne vous ai pas encore parlé, quoique ce soit une ancienne connaissance. Je crois cependant vous avoir dit que le vase qui contenait ses cendres se voit dans la cour du palais Farnèse. Ce monument, qui se trouve sur la voie Appienne, peu éloigné du Cirque de Romulus, est élégant, malgré ses proportions, et conservé, grâce à l'épaisseur de ses murs en rotonde. Ce fut le souvenir d'un tendre père, condamné, contrairement aux lois de la nature, à survivre à sa fille chérie! Le nom de son mari ne semble là que pour la forme. Quelques ruines assez grandioses prouvent que ce monument était attenant à la demeure dont Cecilia Metella avait fait la joie et l'ornement.

Au-delà sont quelques vestiges que l'on négligerait, si on ne tenait à voir l'enceinte où paraît avoir eu véritablement lieu le combat des Horaces, *Champ des Horaces.* et dont il reste peu de chose. On aurait dû mettre plus de soin à conserver ce noble souvenir.

Deux mots du temple de Bacchus, rafistolé sans *Temple de Bacchus.* goût en l'honneur de saint Urbain.

Quant à la grotte d'Égérie, c'est un pygmée qui ne mérite pas le détour que l'on fait pour n'éprouver qu'une mystification.

Nous sommes allés le soir au théâtre Valle entendre *Théâtre Valle.* une actrice dont on nous avait parlé avec éloge. Je ne saurais mieux dire, si ce n'est qu'il était mérité. L'opéra représenté ensuite a été médiocrement exécuté; ce théâtre est moins suivi que celui d'Argentina, où je crois inutile de vous dire que nous sommes retournés plusieurs fois.

Nous n'avions plus rien à voir à Rome. La science de notre cicerone était à bout. Depuis deux ou trois jours, nous nous bornions à retourner sur les lieux qui avaient plus d'intérêt, sans parler du Colysée, du Panthéon, de Saint-Pierre et du Forum, devant lesquels nous ne passions jamais sans leur rendre un nouvel hommage. Nous connaissions tous les marchands d'antiquités,—la plupart nouvelles, de mosaïques, de coronari; nous avions même voulu essayer de la cuisine romaine dans toute sa pureté, chez le *signor Lepre*, célèbre empoisonneur, en lui laissant le choix des mets *nationaux* qu'il devait nous servir, et pour lesquels le garçon avait le soin de vous dire : « *Eccelenza, se questo non e Romano non lo son' io.* » Ce n'était même pas bon pour une fois, et nous nous sommes hâtés d'aller dîner à notre hôtel, jurant, mais un peu tard.....

Nous nous sommes donc mis en route pour Naples, d'où ma prochaine lettre vous sera adressée, me réservant de vous parler d'Albano et de Frascati, que nous devons visiter au retour.

LETTRE XXXII.

Naples, le.....

Je croyais avoir pris toutes les précautions pour assurer notre voyage ; j'avais d'abord à vaincre une première difficulté. Parmi mes compagnes de voyage, plusieurs ne voulaient pas coucher dans les auberges de la route, et en cela elles pouvaient avoir parfaitement raison ; mais elles voulaient encore moins passer la nuit en voiture, et ceci devait compliquer la question. Enfin, j'avais obtenu grâce pour une nuit, que nous devions passer à San-Germano pour arriver à Naples le lendemain de bonne heure.

J'avais loué une voiture ayant servi à des Anglais et dès lors très comfortable. Six places dans l'intérieur, trois dans le coupé, un siége derrière pour trois domestiques, c'était plus qu'il n'en fallait pour mettre chacun de nous fort à l'aise.

J'avais fait prix pour un relais envoyé d'avance, ainsi qu'un conducteur qui devait surveiller notre marche afin d'éviter tous retards ; le tout était payé en conséquence, et le traité signé semblait tout prévoir.

Je dois rendre justice à l'exactitude de ces dames. A trois heures précises nous étions partis et tout semblait pour le mieux.

Cependant, peu après, l'une eut besoin de trois places pour s'étendre, une autre, voulant plus d'air, les six siéges de l'intérieur ne servirent plus qu'à trois personnes, et le coupé se trouvant envahi par la voyageuse qui désirait respirer plus librement sans se séparer de ses deux chiens, force me fut de céder ma place et de me réfugier sur la banquette auprès du postillon.

Tout paraissait devoir ainsi être arrangé à la satisfaction générale, sans toutefois me compter, ce dont j'avais fini par prendre l'habitude.

Sortis par la porte Maggiore, et après avoir suivi une belle ligne d'anciens aqueducs, nous avons retrouvé la campagne de Rome, c'est-à-dire de vastes pâturages séparés par des barrières, et s'étendant à perte de vue sans un seul arbre et sans aucune habitation.

Après avoir parcouru à peu près vingt-trois milles, et un peu avant Agnani, la nature change enfin d'aspect : on entre dans une charmante vallée; la route est bordée par de beaux arbres, et le château des Doria couronne majestueusement la ville qui se présente en amphithéâtre.

C'était à Agnani que nous devions trouver le relais et le conducteur pour lesquels on avait exigé un supplément de prix considérable. Ils n'y étaient ni l'un ni l'autre; et, malgré la promesse de les rencontrer plus loin, il ne put me rester aucun doute d'avoir été complètement volé.

Le postillon et les chevaux semblèrent y mettre moins de résignation. Le premier y laissait sa maîtresse; les autres, accoutumés à ne pas dépasser leur station, ne cherchèrent pas à dissimuler leur mauvaise volonté. Dans un passage que la pluie avait rendu plus difficile, un des chevaux, succombant à la peine et cédant à une fatigue trop prolongée, renonça dans le trait, arrêtant ainsi la voiture. L'automédon, heureux de trouver à qui s'en prendre, allonge un furieux coup de fouet; le cheval riposte par une ruade, et, quoiqu'étranger à leur débat, je reçois à la jambe un coup de pied à la suite duquel je suis demeuré pendant plusieurs heures sans savoir si elle était cassée ou seulement engourdie.

Personne n'ayant pensé à se déranger quand même,

et y mettant de la fierté, j'ai conservé la même place au risque d'une récidive.

J'étais un peu dédommagé en voyant mieux le délicieux pays qui laisse Ferentino à gauche et montre la ville de Frosinione, bâtie sur le sommet d'une haute montagne qu'elle couvre en entier, et où on ne parvient que grâce à des renforts de bœufs et par des rampes multipliées. La vue y est magnifique, et les Apennins découpant l'horizon servent encore à en augmenter l'effet.

Ceprano. Les retards provenant de la fatigue de nos mêmes chevaux ne nous permirent pas de dépasser Ceprano, la première des villes napolitaines, où nous ne trouvâmes qu'une sale auberge et un mauvais coucher. Je parvins, cependant, à faire servir à mes peu compatissantes compagnes le souper commandé par d'autres voyageurs, et à leur faire occuper leurs chambres. C'était me venger noblement; mais leur nature était décidément ingrate.

Le lendemain, nous eûmes à subir, entre Ceprano et San-Germano, la première visite des douanes napolitaines. J'avais eu le soin de me conformer à l'usage, en payant les douaniers pour l'ennui qu'ils nous faisaient éprouver; mais, s'ils eurent le procédé de ne pas ouvrir une seule de nos vingt-deux malles, autant, peut-être, pour s'en éviter la peine que par suite de mon pourboire, ils les déchargèrent toutes, et le chef n'en réclamait pas moins un salaire particulier.

Nous ne pouvions changer nos chevaux qu'à San-Germano. Nous fûmes obligés de leur venir en aide en faisant descendre ces dames et en poussant à la roue à chaque montée. — C'était le cas de les menacer d'une seconde couchée en route : la tentation était bien grande ; j'ai eu, je l'avoue, du mérite à y résister.

Avant d'entrer à San-Germano, on laisse, à gauche, les ruines d'un colysée revêtu en pierres smillées, ainsi que la majeure partie de celles que nous trouvons en France, mais que je n'ai pas rencontrées à Rome. Ces ruines, encore grandioses, se montrent au pied de la montagne où est placé le monastère du mont Cassin.

Le temps perdu et l'état de ma jambe m'ont privé de cette ascension, d'ailleurs peu regrettable dans une saison aussi avancée. Enfin, après un déjeuner à l'hôtel de France, qui nous a laissé de nouveaux regrets sur nos désappointements de Ceprano, nous sommes arrivés à Capoue assez à temps pour ne pas courir le risque de rester à la porte ; et, pendant que la police s'exerçait sur nos passeports, nous avons pu jeter un coup d'œil sur son amphithéâtre et sur sa cathédrale.

Quant à vous rendre compte de ses délices, il faudrait remonter trop loin ; d'ailleurs, la moderne Capoue n'en avait pas été le théâtre.

Enfin, nous sommes entrés dans Naples, que nous avons dû traverser dans toute sa longueur avant d'arriver à l'hôtel della Vittoria, où nos logements avaient été retenus d'avance.

Quatre *facchini* s'étaient emparés de nous dès la barrière ; ils avaient grimpé sur les marche-pieds, où ils se faisaient traîner par la voiture : en un clin d'œil, elle fut déchargée, et ces obligeants travailleurs me demandèrent *trente* francs pour ce qui en valait au plus *cinq*.

Le maître de l'hôtel, peu jaloux, sans doute, de se compromettre, me déclara que si je n'avais pas fait mes conditions, je me trouvais à leur merci ; mais je leur fis, à mon tour, comprendre, en très bon italien, que, ne leur ayant rien commandé, et préférant, au contraire, laisser la voiture chargée jusqu'au lendemain, ils n'avaient qu'à tout remettre en place, s'ils ne voulaient se contenter de la piastre que je leur offrais, et qui était plus que suffisante. Ils ne se le firent pas redire; et le maître de céans resta en admiration devant mon argument qui déjouait leur friponnerie.

Tel a été notre début à Naples.

LETTRE XXXIII.

Naples, le.....

Nous sommes logés à la Vittoria, ainsi que je vous l'ai déjà mandé; c'est l'hôtel le plus renommé et, par conséquent, le plus cher; mais grâce à un de nos amis, le duc de Saint-Th., nous y avons obtenu des conditions assez raisonnables.

Le lieu où l'on habite n'est pas indifférent dans un voyage d'agrément. L'hôtel de la Victoire est admirablement placé; son entrée est en face de la villa Reale; nos fenêtres donnent sur le quai et sur il largo di Santa-Luccia; la mer est à nos pieds. Nous avons la vue de presque toute la partie historique du golfe, et les îles d'Ischia et de Procida terminent cette perspective.

Il en résulte que, lorsque la fatigue oblige à

chercher le repos, celui-ci n'est pas sans jouissances.

Nous avions eu la veille, en arrivant de nuit, le beau spectacle du Vésuve versant ses laves brûlantes et lançant des pierres à la suite de fréquentes détonations. Nous pouvions donc attendre sous ce rapport.

La belle rue qui longe la villa Reale pour s'arrêter au Pausilippe, commence par des palais et se prolonge par des masures ; c'est le cours de Naples, le rendez-vous du monde élégant dans des équipages fort mal tenus.

Les seigneurs napolitains se réduisent souvent au classique macaroni, mais ils ne sauraient se passer de voiture. Nous aurons l'occasion d'en reparler plus tard.

Rue de Chiaia. La rue de Chiaia nous a montré ensuite ses belles boutiques en tous genres, et nous sommes arrivés à celle de Tolède, qui, par sa longueur, ses palais, ses monuments et ses magasins, passe pour être sans pareille. Nous y avons remarqué le collége des Jésuites et la plupart des ministères. Réservant ensuite l'Académie et voulant prendre une idée générale de la ville, nous avons suivi la strada Soria, où se trouvent des ponts indispensables les jours de pluie ; et, après avoir visité le Jardin-des-Plantes et l'hospice des indigents, fort remarquable par sa tenue, mais qui n'oppose aucun obstacle à la mendicité, nous sommes entrés dans le *vieux Naples* pour parcourir de sales rues, voir sa population déguenillée, ses cuisines en plein air, ses lazzaroni couchés par terre ou se régalant de macaroni, des pulcinella et des parades.

Pendant notre trajet dans ces rues tortueuses, notre voiture était sans cesse arrêtée par des chariots, par de nombreuses carioles où chacun montait pêle-mêle pour son argent, ce qui donnait lieu à de singuliers contrastes, par des tas d'immondices que l'on ne pensait pas à enlever, et surtout par des groupes populaires où les femmes et les enfants l'emportaient par leur nombre et par leur saleté ! On aurait dit qu'ils se mouvaient sous l'impulsion de leur vermine, dont seuls ils ne semblaient tenir aucun compte.

<small>Types napolitains.</small>

Le peuple de Naples est dévolu à la crapule et à la paresse ; ce n'est que pour obéir à l'usage qu'ils font semblant de se nettoyer le dimanche, mais ils s'y prennent de manière à ce qu'il n'y paraisse bientôt plus.

Cette toilette de famille a lieu en public et avec

une telle nonchalance, que l'on ne saurait conserver aucun doute sur le peu de prix qu'ils y attachent. Nous avions soin toutefois de nous tenir à distance, de peur de recevoir leurs éclaboussures vivantes.

Je rapporte, pour vous en faire hommage à l'appui de mon récit, une gravure qui montre *les pidocchi* remplissant leurs fonctions.

Vous devez juger notre empressement à nous retrouver le long des quais et à revoir cette mer azurée dans laquelle nous aurions tant aimé à nous plonger, ne fût-ce que pour nous débarrasser de l'air impur que nous venions de respirer, et qui nous avait fait maudire notre curiosité de voyageurs.

Si Rome est la ville des monuments; si leur nombre finit, — sauf quelques exceptions, — par modifier l'enthousiasme qu'ils feraient éprouver s'ils ne se rencontraient à chaque pas, Naples, tout au contraire, laisse trop à désirer sous ce rapport. J'aurai donc peu de choses à vous montrer dans ce genre; mais, en revanche, quelle ravissante campagne, quelles curieuses excursions! Nous y procéderons avec ordre. Je vais d'abord vous parler de la ville.

Nous sommes encore dans la saison où tout se passe dans les rues. C'est le mouvement du peuple, des étrangers et des voitures qui donne à Naples tout son cachet. Si on ne savait combien sa population est nombreuse, on croirait que le même flot vous précède partout où vous devez vous rendre, puisque partout vous retrouvez la foule aussi compacte, — sauf les heures de la grande chaleur ou les jours de sirocco, pendant lesquels chacun se renferme et s'endort, ce qui a fait dire avec quelque raison que les chiens et les Français faisaient seuls exception à la règle. Je ne veux pas chercher s'il n'eût pas été plus convenable de placer les Français avant les chiens. Cela pourrait donner lieu à une controverse qui, parmi la populace, ne tournerait pas à notre avantage; je me borne donc à traduire le dicton populaire et à vous le livrer dans toute son intégrité.

C'est dans la strada di Chiaia que chacun va chercher des sujets de tentation : pierres gravées, camées, parures, coraux finement travaillés. Cette rue n'est pourtant que large, elle est courbe, il faut monter des deux côtés; mais elle réunit celle de Tolède à celle qui longe la villa Reale : elle est devenue le rendez-vous des étrangers.

La rue de Tolède n'offre pas le même genre d'attrait : elle n'est que longue et belle.

C'est al largo di San-Spirito que l'une et l'autre aboutissent.

Veuillez vous souvenir que *largo* signifie place, afin de donner plus de clarté à mes descriptions. Tournant à notre droite, nous sommes venus par il largo del Palazzo, en face de la résidence royale, qui a bien plus de développement du côté où la mer baigne le pied de ses terrasses.

{Palais du roi.}

On y voit un Jupiter géant qui semble destiné à en garder l'entrée. Le Tage et l'Ebre, souvenirs de la domination espagnole après que notre roi René eut succombé dans sa lutte contre don Alphonse d'Aragon, sont placés au pied de l'escalier qui conduit aux grands appartements, vastes et richement ornés. Nous serions demeurés long-temps devant les toiles de Raphaël, si le custode n'eût jugé que la galerie des portraits royaux devait être plus digne de notre intérêt. Ces portraits n'ayant d'autre mérite que de montrer aux jeunes princes la nomenclature de leurs vénérables grands-papas, nous avons filé au plus vite.

S'il me fallait vous les décrire, je préférerais, sauf à pécher sur quelques points, avoir recours à un charmant recueil, fort peu connu, et dont j'ai conservé le souvenir :

> « Et quant aux portraits de famille,
> » Les plus fameux, presque effacés,
> » Faute de clous, sont entassés
> » A terre, près d'un jeu de quilles.
> » C'est là qu'on voit Richard premier,
> » Qui passa pour un fameux drille,
> » Et Guillaume, l'arquebusier,
> » Qui tira sur plus d'une fille.
> » Robert, l'ivrogne, est renversé
> » Sur Raoul III qui savait lire ;
> » Sous ceux-là se trouve pressé
> » Richard IV qui sut écrire
> » Jusqu'aux trois quarts de l'A B C :
> » Ce Richard, seigneur de la Roche,
> » Si j'en crois certain parchemin,
> » Fut parrain d'une grosse cloche,
> » Et se perça trois fois la main
> » En mettant un lièvre à la broche...... » etc., etc.

Voilà comment j'aimerais à rendre compte d'une généalogie; mais comme il s'agit de Majestés, et que M. de Bièvre nous a appris qu'*elles n'étaient pas des sujets*, je vais m'abstenir pour ne pas leur manquer de respect, malgré les tendances de notre époque.

Nous nous sommes hâtés ensuite de regagner la Vittoria, en suivant les quais et laissant à notre gauche le château de l'Œuf, et l'Arsenal à notre droite, pour jouir, à couvert, du spectacle d'un superbe orage, comme ceux que l'on voit en Italie, et qui nous montrait tout l'horizon en feu tandis que la tempête soulevait les vagues jusqu'auprès de nos fenêtres.

LETTRE XXXIV.

Naples, le.....

Le lendemain, tout était redevenu calme, et l'on ne s'apercevait de la pluie torrentielle de la veille, que par la propreté des rues, forcément lavées par ce déluge. Nous nous sommes remis en marche par le même chemin qui, côtoyant la plage nous montrait le Vésuve en face ; et, reprenant il largo del Palazzo, laissant au centre deux statues des précédents souverains, nous sommes entrés dans l'église de Saint-François-de-Paule, non encore terminée, qui, sans justifier la prétention de remplacer le Panthéon, n'en est pas moins un fort beau monument.

Église de Saint-François-de-Paule.

Les belles colonnes et les pilastres qui décorent sa façade, sont suivis des deux côtés par des portiques du même style. Son vestibule donne entrée dans la rotonde, ornée aussi par des pilastres et des colonnes. On y trouve des statues et des peintures modernes; mais, en fait de tableau splendide, c'est du sommet de sa coupole qu'il faut admirer Naples, sa mer, ses îles, son Vésuve et sa campagne luxuriante.

La Cathédrale, bâtie sur les ruines de deux temples païens, est consacrée à saint Janvier. Son architecture est gothique; son intérieur paraît grandiose. Son maître-autel est en porphyre et surmonté par un baldaquin; sa nef principale est élevée, mais peu ornée. Ses saints, un peu trop nus; sa chapelle de saint Janvier, moins curieuse que celle parfaitement gothique, sur les murs de laquelle sont représentés des personnages affublés de têtes de bœufs et d'autres sujets anciens et fort extraordinaires. Nous avons adoré, en bons chrétiens, la tête du saint; mais, quant au miracle du sang, notre foi, je l'avoue, avait été fort ébranlée par la manière dont le général Championnet avait provoqué sa manifestation tardive, dans un moment où le sort de l'armée française pouvait en dépendre.

Cathédrale.

Nous sommes allés de là al Campo-Santo, nou

Campo-Santo.

vel édifice grandiose, mais non encore terminé ; on passe, pour y arriver, devant le cimetière réservé aux familles qui n'ont pas pu trouver ou payer la place d'une chapelle particulière : des fleurs rares et variées en font *presque* un riant séjour.

Le nouveau Campo-Santo occupe un vaste emplacement : au centre de la première cour est une statue colossale représentant la Religion ; autour sont cent quatre chapelles, déjà occupées ou retenues par des familles puissantes; après, et plus bas, d'autres enceintes, dont une déjà remplie par divers monuments funèbres d'un beau style. Dans les souterrains, divers cercueils attendant que leurs places soient prêtes, et une chapelle, dite de la Résurrection, où, moyennant une légère rétribution, les morts sont déposés pendant trois jours, ayant au bras une corde correspondant à une cloche qui appellerait à leur aide pour le cas où ils ne seraient pas assez bien morts.

Le custode nous racontait qu'il y avait eu plusieurs exemples de l'opportunité de cette précaution.

Reste à savoir comment les héritiers auront pris la chose.

Nous sommes rentrés dans Naples, que nous avons traversé dans toute sa largeur, pour faire une ascension à l'église de Saint-Martin, la dernière, assurait-on, qui dût motiver une mention. La vue que l'on y découvre suffirait pour y attirer : couronnée par le fort Saint-Elme, on plane sur la ville. Son unique nef est vaste; on y trouve des toiles par les grands maîtres; mais, après avoir admiré les beaux marbres qui lui servent d'ornement, on revient sur sa terrasse jouir encore d'un coup d'œil enchanteur.

<small>Église Saint-Martin.</small>

Nous sommes redescendus à la villa Reale, que nous avons visitée en détail : ses bosquets, ses fabriques, ses fleurs, ses belles statues. Le calme que l'on éprouve en côtoyant la mer, et le tumulte que présente la rue encombrée à cette heure par les voitures et les cavalcades, nous ont fait regretter de retrouver aussi tôt notre équipage qui nous attendait à son extrémité.

Nous avons traversé Chiaia, et, suivant la nouvelle route en rampes qui aide à gravir le Pausilippe, laissant à notre droite l'entrée de la grotte surmontée du tombeau de Virgile et du laurier *devenu mort* au grand désappointement des touristes; et à gauche le château en ruines de la reine

Jeanne, nous sommes arrivés à la cime pour jouir d'une vue magnifique. Après une descente assez rapide, nous étions en face de la charmante île de Nisida, et nous revenions par la grotte que nous avons mis cinq minutes à traverser au grand trot de nos chevaux ; elle est éclairée dans toute sa longueur par des réverbères, et montre, au centre, une chapelle pittoresque adossée à un ermitage.

Ile de Nisida.
Grote du Pausilippe

Notre journée avait été bien employée.

Le soir, pour nous délasser, nous allions assister, au théâtre Saint-Charles, à un demi-gala : cela veut dire une demi-illumination. J'aurais dû vous parler plus tôt de ce monument, qui rivalise, à l'intérieur, avec la Scala de Milan, mais dont la façade est bien supérieure.

Théâtre Saint-Charles.

Six rangs de loges composent son ensemble : celles des trois premiers rangs sont presque toutes des propriétés particulières ; mais on trouve à les louer quand les titulaires préfèrent le profit au plaisir d'en faire usage : il en est ainsi dans toute l'Italie. Ce demi-gala consistait dans l'éclairage de trois bougies, au lieu de six, sur les girandoles qui séparent chaque loge. C'était déjà fort brillant.

On donnait un opéra parfaitement chanté, tout aussi bien accompagné, et auquel la fraîcheur des décors semblait seule laisser à redire. Mais, quand est venu le ballet, où mortelles et déesses sont vêtues jusqu'au menton et affublées d'un petit vêtement en taffetas gros vert descendant jusqu'à mi-jambe, — le tout par ordre de la reine, dont le scrupule ne permet aucune modification, — nous avons compris que Fanny Essler ait renoncé à venir à Naples se soumettre à ce ridicule. Il nous a été impossible de maîtriser l'accès de rire qui s'est prolongé pendant le ballet. Le talent de mademoiselle Taglioni, cousine de la diva Taglioni, qui ne semblait toucher la terre que par égard pour ses compagnes, a été en pure perte. Les figurantes manœuvraient avec l'ensemble de soldats prussiens menacés de la schlague. Essler avait répondu à la demande d'un engagement : « Point de pantalons verts ou point de Fanny Essler! » La reine avait résisté, vous le savez, même aux désirs de l'empereur Nicolas qui comptait y trouver de récents souvenirs, et la ravissante danseuse était restée à Rome, où elle continuait à faire les délices des cardinaux et du public, malgré.... ou, peut-être, à cause de son léger costume.

Il était temps d'aller nous reposer.

LETTRE XXXV.

Naples, le....

Nous avions consacré notre matinée à faire une première visite *agli Studii*, — prononcez *Musée Bourbon :* — il se trouve situé à l'encoignure de la rue de Tolède et del largo della Pigna.

Gli Studii.

Les collections qu'il renferme passent pour les plus complètes de toute l'Italie, et, par conséquent, du monde artistique.

Cela s'explique. Pompeï, Herculanum et toutes les colonies qui sont sous la domination de Naples ayant dû transporter dans ce Musée les produits de toutes leurs fouilles ; jugez ce qui s'y trouverait encore si le roi avait plus d'argent à y employer.

Voyons d'abord ensemble, au rez-de-chaussée, des fresques et des mosaïques, soustraites à l'influence de l'air dans les lieux où elles ont été découvertes, entre autres celle représentant le Triomphe d'Alexandre, qu'il était temps d'enlever de Pompeï, où elle se détériorait journellement, mais où, sans cette raison majeure, elle eût offert plus d'intérêt.

Voyons-y successivement classés des bronzes et des marbres qui sembleraient inimitables, si Canova n'avait essayé de prouver le contraire dans sa statue du Fondateur. Parmi tant de chefs-d'œuvre authentiques et qui prouvent leur origine, distinguons cependant encore une Amazone blessée, des Gladiateurs, Junon, Antinoüs, la ravissante Flore, un Apollon mi-partie porphyre et marbre dont je n'approuvai pas le mélange tout en rendant hommage à son exécution ; des bas-reliefs, dont Apollon au milieu des Grâces m'a laissé quelques mauvaises pensées sur la vertu de celles-ci ; Anacréon, Homère et Aristide.

La galerie du prince de Palerme, qu'il a récemment vendue au roi pour pouvoir vivre dans l'exil avec l'objet légitime, quoique non reconnu, de ses amours, et pour lequel sa constance devait finir par fléchir l'étiquette des cours, offre moins d'intérêt que lorsqu'elle se trouvait isolée dans son palais. On y remarque cependant quelques belles toiles anciennes et modernes. Dans les autres salles du premier étage, nous parcourons les collections les plus complètes d'urnes, de vases, de lacrimatoires, d'ustensiles, et surtout de lampes de formes variées. Vous suivrez avec intérêt les bronzes provenant des fouilles de Pompei, qui, tout en vous initiant dans les détails les plus intimes de la vie de ces temps reculés, vous prouveront qu'en fait de comfortable nous n'avons rien eu à innover. Enfin, pendant que vous admirerez avec plus de plaisir encore la riche collection de bijoux, de camées, de parures, vous me permettrez de faire pour mon propre compte une excursion al Cabinetto Segretto. L'entrée n'en est permise qu'aux hommes, pour cause, et il faut une permission spéciale demandée par l'ambassadeur, qui répond sur sa tête que le visiteur est à l'abri de toute mauvaise influence.

<small>Cabinetto Segretto.</small>

Ce cabinet renferme, il est vrai, beaucoup d'obscénités, des marbres, des bronzes, des fresques et des ornements qui sont peu favorables aux mœurs intimes de cette époque, mais qui, sous le rapport de l'art, ne laissent rien à désirer.

Je regrette, charmante fille d'Ève, de vous induire à la tentation sans pouvoir satisfaire à votre curiosité. Je vous dirai, pour vous consoler de ma réticence, que le cabinet étant petit il ne saurait contenir beaucoup de choses.

Revenons aux bijoux, qui vous sont plus spécialement réservés. Ils sont aussi nombreux et variés qu'ils sont précieux pour la plupart.

Renfermés dans des armoires pour les soustraire à *l'indiscrétion* des visiteurs, précaution qui n'est pas toujours suffisante, on a poussé la recherche jusqu'à placer dans des montres tournantes les parures qui doivent le plus plaire aux dames, afin de leur éviter la peine de se déranger pour les examiner plus à loisir, et le jour qui glisse derrière les pierres gravées permet aux amateurs de mieux juger leur mérite à l'aide de leur transparence.

Ici comme à Florence, les chefs-d'œuvre des plus grands maîtres sont réunis dans une salle particulière ; mais ici, mieux qu'à Florence, on les garde pour le bouquet.

Le temps, nos forces et l'argent que nous avions emporté, ne nous suffisaient pas quelquefois tant notre curiosité était excitée par tout ce que nous désirions voir, et tant nous étions rançonnés par les *custodii* qui croient concourir à l'ornement de chaque salle.

Chez le roi comme chez le pape, c'est la seule de leurs fonctions dont ils s'acquittent en conscience.

Nous allions souvent aussi courir les antiquaires, dont les mieux assortis se trouvent en face degli Studii. Si justice en était faite, la plupart seraient aux galères. Mais, malgré leur réputation, ils trouvent toujours des dupes ce qui doit les encourager ; il signor Raphaelle Barone était le plus habile et le mieux assorti. Ces dames y ont laissé quelques plumes en échange d'objets peu curieux ; mais le prix des autres était inabordable.

Nous avons vu entre autres des bijoux et des vases étrusques qu'il était parvenu, — malgré que mort s'ensuive, — à soustraire à prix d'argent aux fouilles de Pompeï par le moyen des ouvriers, qui préfèrent risquer leur vie et augmenter ainsi leur salaire.

Nous sommes revenus par il largo del Mercato, laissant la forteresse du Château-Neuf, plus spécialement destinée à la défense du souverain, la Torre del Carmine, la belle rue qui contourne l'arsenal pour se prolonger en quais jusqu'au port, et nous arrêtant comme de véritables badauds devant tous les théâtres où l'on attirait le public à l'aide de parades exécutées par des acteurs déguenillés, des pulcinella et des burattini, autour desquels la foule se pressait en exprimant son parfait contentement par des fous rires de bon aloi. Je ne sais pas jusqu'à quel point nous eussions osé nous compromettre ainsi, sans notre qualité d'étran-

<small>Spectacles en plein air.</small>

gers et notre insouciance du qu'en dira-t-on.

J'avoue, pour mon compte, m'y être parfaitement amusé.

Si cette populace était moins sale, on se plairait à s'en rapprocher, tant il y a de gaieté, d'insouciance, d'originalité dans son caractère. Le temps qu'elle n'emploie pas à dormir ou à faire tout juste ce qui doit servir à payer sa pitance de macaroni, dont elle hume à suffisance pour un sou, est destiné à rire, à se baigner ou à danser. L'un sort de sa poche des castagnettes, une jeune fille saisit un tambour de basque en miniature, et aussitôt une tarentelle improvisée, dansée avec une animation et une grâce qui ne sauraient se rencontrer autre part, est entourée par un groupe nombreux, et ne se termine que par suite de la lassitude des danseurs, auxquels succède un autre groupe.

Danses populaires.

Nous avons trouvé à la maison un jeune artiste que nous avions encouragé par des éloges mérités agli Studii, où il copiait les grands maîtres, et qui venait nous proposer d'acheter ses ouvrages. Nous nous étions prohibé ce genre de fantaisies, sachant le peu de prix que l'on attache à des copies telles soignées qu'elles puissent être, et ayant mieux à faire de notre argent. Nous nous bornâmes à des remerciements. Pour motiver son insistance, nous fit voir des lettres qui, en commandant les tableaux qu'il nous montrait, fixait leur prix à 200 francs. « Ayant le temps d'en faire d'autres, il offrait de nous les donner à meilleur compte. » Nous persistions dans notre refus, et, pour lui prouver que notre résolution était bien arrêtée, j'ajoutai que, sans vouloir déprécier ses œuvres, il nous les donnerait pour 30 francs que nous y aurions du regret.

Une *Sainte Famille*, la copie de *Sainte Catherine et l'Enfant Jésus* nous ont été livrés pour cette somme. Je n'osais véritablement pas les prendre, et d'ailleurs je ne savais qu'en faire.

La misère est telle et le nombre des artistes si grand, que celui-ci avait raison : 60 francs le faisaient vivre pendant deux mois, et dans huit jours il aurait remplacé son ouvrage.

Sans un préjugé déraisonnable, — comme tous les préjugés sans exception, — on pourrait se former, à bon marché, une collection de souvenirs fort agréables.

LETTRE XXXVI.

Naples, le.....

Nous nous sommes levés de bonne heure. Le temps était superbe, et la nature, vivifiée par la pluie précédente, dont il ne restait de souvenirs que sur les arbres reverdis, nous promettait une agréable journée.

Aussi notre calessino nous emportait-il de toute la vitesse de ses chevaux, et le conducteur contribuait à égayer la route par ses chants et par ses remarques. Nous avions aussi un page ! Toutes les fois qu'une de ces voitures se met en marche, un jeune garçon plus ou moins déguenillé se joint à elle, montant sur le siége si le conducteur lui accorde cette faveur en échange de quelques légers services, ou s'accrochant au marchepied jusqu'à ce que l'occasion le favorise. Il s'arrange toujours de manière à obtenir, par ses drôleries ou par son air suppliant, quelque salaire ainsi qu'un déjeuner quand on s'arrête, auxquels la charité seule n'a pas toujours part. Enfin, bon gré malgré, il faut avoir son page !

Nous avons de nouveau longé la villa Reale, passé sous le laurier de Virgile, traversé le Pausilippe dans le sens contraire, et, regagnant les bords du golfe là où nous les avions quittés l'avant-veille, nous avons suivi ses rives jusqu'à l'endroit où la route se bifurque, et nous avons pris la direction du lac d'Agnano.

<small>Lac d'Agnano.</small>

Nous avons, en vrais badauds, subi la mystification peu récréative de la Grotte du Chien; mais, grâce à Giaccopo, notre cocher, il ne nous en a pas coûté cher ayant traité des conditions d'avance. Nous avons vu bouillir le lac comme une marmite, ce qui résulte des sources sulfureuses qui se trouvent au fond. Auprès sont les Etuves en ruine de San-Germano, fort en renom aux temps passés.

<small>Grotte du Chien.</small>

<small>Étuves de San-Germano.</small>

Après avoir apprécié la bonne fortune d'une chasse au sanglier sur les bords opposés, dont la voix des chiens et les fanfares arrivant jusqu'à nous prêtaient leur animation à cette contrée sombre et sévère, nous sommes remontés en voiture pour suivre la route de Pozzuoli en traversant la Solfatara, respiré à contre-cœur ses vapeurs nauséabondes, et laissé au loin perché le couvent des Camaldules, auquel nous avons facilement attribué la belle vue que l'on nous vantait, sans perdre notre temps à vouloir nous en assurer par nous-mêmes.

Je réserve Pozzuoli pour le retour. En ce moment, il n'était question que de nous procurer un cicerone et d'acheter des torches à suffisance.

Tandis que Giaccopo s'occupait de ces soins, que le page gardait les chevaux et que nous étions restés nonchalamment dans la voiture pour nous préparer à la fatigue qui nous avait été promise, nous sommes devenus sans le vouloir l'objet des spéculations des *antiquaires de l'endroit*, qui nous offraient des statues, des trépieds, des lampes ou divers autres objets, tous de la *plus haute antiquité, ce qu'ils garantissaient sur leur âme*, ne demandant en revanche que quelques piastres pour chaque objet, et que la concurrence avait réduites à autant de carlins. Il me fut facile de leur prouver que leurs *antiques*, coulés par eux dans de mauvais moules, devaient leur teinte incomplète à une semaine de séjour en terre, les laissant aussi surpris que désappointés de ma science, fort équivoque sur tous autres sujets.

Le guide étant trouvé et les torches payées fort cher, nous nous sommes remis en route pour le lac Averne, saluant en passant l'antique villa de Cicéron, celle d'Horace sur le mont Labano, remarquant une montagne toute de laves, volcan éteint depuis long-temps, et prenant la précaution, toujours au moyen de notre page, de faire prévenir d'avance les nautonniers auxquels nous allions avoir affaire pour naviguer sur ce lac, jadis infernal, nous avons visité son temple de Pluton, pour revenir ensuite à la grotte de la Sibylle, plus élevée.

<small>Grotte de la Sybille.</small>

Ayant préalablement fait prix avec nos bateliers qui allaient changer de rôle et devenir *cavalli*, pour le quart de la somme qu'ils réclamaient, l'entrée de la grotte nous a été ouverte, et, après avoir parcouru, éclairés par nos torches, une galerie étroite et prolongée, nos bateliers, dépouillés de tout costume, nous ont pris sur leurs épaules, et, entrant dans l'eau jusqu'à la ceinture, nous ont fait parcourir un étroit chemin pour nous déposer sur deux niches, dont l'une servait de siége à la Sibylle, et l'autre de bain à Néron. Le passage souterrain qui traversait la montagne a été obstrué à la suite d'un tremblement de terre. Nous sommes revenus par le même moyen, et, après avoir satisfait nos *cavalli*, nous avons suivi un charmant sentier ombragé et à mi-côte, pour retrouver notre voiture au-delà des marais dont le lac est entouré.

Les étuves de Néron, qui servaient d'issue à ce passage, sont au-dessus de la mer et auprès d'une ruine qui devait leur être destinée. Nous n'avons pu supporter la vapeur étouffante qui nous a suffoqués en voulant y pénétrer. On nous a proposé d'ôter nos vêtements; mais nous nous sommes applaudis d'avoir refusé, en voyant le jeune custode revenir, malgré son costume, coulant l'eau par tous les pores, machuré comme un savoyard, et rapportant cuit à point l'œuf que nous lui avions remis avant sa promenade dans l'eau bouillante. On nous a fait remarquer des places séparées, pour servir de lits aux malades qui vont guérir leurs rhumatismes à l'aide de cette ébullition. *Étuves de Néron.*

Le supplice du rhumatisme me semblerait bien plus supportable.

Enfin nous sommes arrivés à Baïa. Une auberge, la seule de l'endroit, nous a offert sa terrasse suspendue et son admirable vue, mais un exécrable déjeuner. C'était une raison pour aller voir plus vite les restes du temple de Diane, dont la demi-coupole, encore conservée, ne saurait tarder à s'écrouler avec fracas, les murs qui la soutiennent étant battus par les tempêtes et ébranlés par les *terramoti*. Celui de Mercure, qui semble d'avance *Baïa.*

Temple de Diane.

Temple de Vénus. devoir vous écraser, et celui, mieux conservé, de Vénus, où l'on montre les chambres des prêtres sacrificateurs, la demeure des victimes qu'ils savaient soustraire à leur sort, les réservant pour leurs ébats, et qui, alors, bénissaient leur supplice, et les bains des prêtresses ayant pour ornement des peintures obscènes que le custode efface chaque jour par la fumée de la torche à l'aide de laquelle il voudrait les mieux éclairer : c'est là, assure-t-on, qu'ont été trouvés les groupes et les bas-reliefs tenus sous clef al cabinetto segretto degli Studii.

Il ne reste que des vestiges des maisons de délices si vantées jadis à Baïa. Une méchante forteresse, dont le pied baigne dans la mer, devient un lieu d'exil pour celui qui brigue l'honneur d'y commander. Nous avons parcouru cette charmante *Bauli.* contrée pour arriver à Bauli, où nous avons été assaillis par une population entière de mendiants qui, malgré de nombreuses aumônes, nous pourchassaient encore à une lieue, nous privant ainsi du plaisir sur lequel nous comptions en *Piscine Admirable.* allant à pied voir la Piscine, bien désignée sous le nom d'*Admirable*, où l'on descend par plusieurs marches mal entretenues pour voir de nombreux pilastres sur quatre rangs, supportant des voûtes à une grande hauteur, servant jadis de réservoirs à l'eau destinée à alimenter les flottes et fournissant aux besoins de la ville de Baïa. Sa conservation paraît surprenante, à cause de sa date et par suite de son abandon.

Le Cente camerelle, que l'on trouve plus loin, devaient être une prison d'État réservée aux grands coupables, pour lesquels on procédait déjà, au système d'isolement que nous prétendons remettre en pratique de nos jours.

Peu après, nous nous trouvions au cap Mysène. Nous dominions le golfe dans toute son étendue; nous avions près de nous Procida aux jolies femmes, et aux costumes grecs si pittoresques qui font si bien ressortir leur beauté; plus loin, Ischia, aux anciens souvenirs; en face, une mer sans limites! Nous sommes restés long-temps sans vouloir nous rendre compte de nos impressions, dans la crainte de les affaiblir.

Nous avons contourné la côte pour approcher du lac de Fusaro, nommé *Mer Morte*, et pour parcourir les sites que Virgile a immortalisés en les prenant pour type de ses Champs-Élysées, et nous sommes rentrés à Bauli à travers champs, en retrouvant, de temps à autre, quelques tombeaux assez conservés !

<small>Pozzuoli.</small> Pozzuoli, que nous avions réservé pour le retour, conserve les traces du pont à l'aide duquel Caligula prétendait abréger la distance qui le séparait de Baïa. Il paraît que cette folle entreprise eut un commencement et une fin ; mais on ne put obtenir un milieu durable, à cause des profondeurs de la mer. C'était le temps où l'on osait tout entreprendre : l'assistance des peuples vaincus et le concours de leurs trésors semblaient devoir assurer l'impossible !

Les belles ruines du temple de Jupiter Serapis précèdent Pozzuoli de ce côté. Trois colonnes colossales, encore debout, suffisent pour donner une idée de ce beau monument. D'autres tronçons sont épars et reposent sur des revêtements en marbre de Paros. Il reste encore plusieurs des chambres occupées par les prêtres, deux salles de bains et leurs étuves. On montre aussi l'endroit destiné aux sacrifices. Nous avons pu juger du degré de température des eaux venant de la Solfatara, qui coulent toujours au même endroit, mais sans servir au même usage. Les monuments, tels grands qu'ils soient, ont peu de durée dans ces contrées où l'ébranlement du sol les tourmente depuis leur base. Les temples de Mercure et de Vénus sont aussi en ruines; mais le Colysée, que l'on déblaye lentement, est entier, sauf les marbres recouvrant les gradins, enlevés lors d'une invasion. Ce cirque, mieux conservé que celui de Rome, mérite la première place après lui. De vastes souterrains étaient destinés à renfermer les bêtes féroces.

On y entrait par quatre portes. Celle du Nord, plus ornée, devait être réservée aux empereurs. Il se trouve aussi au niveau de l'arène quatre ouvertures inusitées partout ailleurs. Une niche, dans une partie du pourtour, ayant servi de prison à saint Janvier, a été transformée en chapelle à titre de souvenir.

Pozzuoli est le siége d'un archevêché. Sa cathédrale, qui domine toute la ville, marie ses constructions nouvelles avec celles d'un temple dédié à Auguste.

Il ne nous restait rien à voir à Pozzuoli, et nous avions encore assez de chemin à faire : aussi pressions-nous Giaccopo pour nous remettre en route, lorsque notre antiquaire désappointé voulut tenter une revanche. « Excellenza, vint-il me dire du ton le plus câlin, j'ai bien vu ce matin que vous étiez fin connaisseur; aussi je m'excuse d'avoir cherché à vous tromper. Mais, cette fois, je vous apporte une merveille. Il lui est survenu un léger accident en la trouvant dans la terre ; mais cela sert à constater son authenticité ! Admirez la belle pierre, le superbe travail ! » — Il me montrait en même temps une tête charmante, gravée sur une cornaline de vieille roche, ébréchée sur un côté, ce qu'il était facile de faire disparaître, et qui, dès lors, ne diminuait pas sa valeur. — « C'est vrai, lui ai-je répondu, le travail est du dernier fini et la pierre serait admirable si ce n'était une pâte que vous avez égrisée depuis mon départ, pour parvenir à m'attraper. » — Alors, les compères qui s'étaient rassemblés pour s'amuser à mes dépens, voyant la confusion du trompeur attrapé, l'ont poursuivi de leurs huées et de leurs quolibets, et m'auraient rendu l'objet d'une ovation, si je n'avais préféré modestement repartir pour Naples et vous laisser en repos — pour aujourd'hui.

LETTRE XXXVII.

Naples, le.....

Il a été convenu entre nous que le meilleur moyen de laisser reposer ses yeux et son imagination, était de varier les sujets soumis à leur appréciation : aussi ne quitterons-nous pas Naples de la journée. Notre temps sera employé en flâneries. Nous entrerons dans les boutiques ; nous choisirons plusieurs objets ; ces dames feront des collections d'anciens émaux, pas trop chers ici et fort recherchés à Paris. Les coraux auront leur tour : ils sont consacrés à des souvenirs et rivalisent avec ceux mis en œuvre à Marseille. Quant aux étoffes, elles venaient de France où elles étaient passées de mode depuis long-temps.

Nous avons visité, en passant, il palazzo Maddaloni sur la place du Saint-Esprit, et celui des Finances dans la rue de Tolède.

Les parades en plein air nous ont retenus devant les petits théâtres avant de retourner vers le port en visitant la Tour du Carme. Nous sommes rentrés plus loin dans le vieux Naples, où des orfèvres, la plupart Juifs, devaient nous montrer des raretés en objets d'art et où nous n'avons rien trouvé d'aussi curieux que leurs figures, et, revenant vers Pizza Falcone qui concourt à la défense de la ville, passant sur un pont auquel la rue de Chiaia tenait lieu de rivière, nous avons visité le château Saint-Elme qui sert de couronne à la ville et d'où la vue est encore plus étendue.

L'absence presque totale de fontaines, car je ne saurais faire exception en faveur de celle de Gusman sur il largo del Castello, et peut-être une ou deux autres ; le peu d'églises remarquables, parmi les trois ou quatre cents qui s'y rencontrent ; les rares monuments à visiter présentent un contraste trop marqué avec ce que nous venions de laisser à Rome et à Florence.

Quant aux palais, ceux qui les habitent se procurent rarement le plaisir de les montrer. Ce sont les ambassadeurs ou les riches étrangers qui se chargent du soin de faire les honneurs de la ville : les grands seigneurs, la plupart ruinés, se contentent d'en profiter.

Ainsi que je vous l'ai dit, il ne leur faut qu'une voiture.

Leurs domestiques, fort mal tenus, suivant

l'exemple de leurs maîtres, qui ont soin de ne pas les nourrir, ce dont se charge il Maccaronaro, sont généralement payés à raison de trente francs par mois, jamais plus de quarante, tout compris.

Luxe et misère : tel est l'état des gentilshommes napolitains; et encore les parts sont-elles loin de se trouver égales.

Nous sommes allés visiter la villa reale, dite Capo-di-Monte, où la cour se rend quelquefois, et nous avons terminé nos excursions par les jardins de Cellamare qui nous ramenaient près de chez nous.

<small>Capo-di-Monte.</small>

<small>Cellamare.</small>

Le soir, nous devions être complètement mystifiés! Sur la réputation de Pulcinella, nous sommes allés au théâtre dei Puppi : rien de plus sombre, de plus enfumé, de moins comfortable que cette salle. J'en avais assez en y entrant. Cependant, surmontant notre dégoût et espérant que les acteurs nous dédommageraient, nous nous sommes résignés à attendre. Ceux-ci ne valaient pas mieux : au lieu des lazzis que nous étions venus chercher et du bon gros rire que nous nous promettions, Pulcinella jouait en famille un drame très sentimental, et, par conséquent, fort ennuyeux. Nous avons quitté la place, trouvant, non sans rai-

<small>Théâtre dei Puppi.</small>

son, que cela ne valait pas la peine d'être empestés par nos voisins, et nous nous sommes bornés par la suite à retourner au théâtre Saint-Charles, malgré les petits vêtements verts et l'exercice des ballets.

LETTRE XXXVIII.

Naples, le.....

<small>Pompeï.</small> J'ai abrégé ma dernière lettre : pourrai-je en faire autant de celle-ci? — Non, sans doute, si je veux vous montrer tout ce que j'ai vu ; bien moins encore si je voulais dire tout le plaisir que je viens d'éprouver.

Nous sommes sortis de bonne heure pour nous rendre à l'embarcadère du chemin de fer de Nocera qui bifurque sur Castellamare.

Après avoir traversé des jardins, les laves où la voie ferrée a dû se frayer un passage, laissé Portici, — où nous reviendrons — pour suivre le rivage et apprécier la charmante perspective de Torre del Greco; continué au-delà de celle della Annunziata où le convoi nous a déposés à proximité de Pompeï. Nous nous y sommes introduits du côté des marchés, plus rapproché que celui des tombeaux, et n'ayant pas le choix pour un troisième.

Un des custodes préposés à la conduite et surtout à la surveillance des visiteurs, nous a fait passer par ce qu'il désigne sous le nom de Casernes, et dont d'autres font un marché public; de là nous sommes montés à un théâtre dont les gradins se montrent presque entiers. Après, un hémicycle beaucoup plus grand portait le titre de Théâtre-Tragique; auprès, dans le Forum dit triangulaire, le temple d'Hercule et un autre hémicycle; derrière est le tribunal, ensuite le charmant temple d'Isis, et non loin, celui dédié à Priape. La maison du Sculpteur termine les fouilles de ce côté. *(Le Marché public. Le Théâtre. Temple d'Isis.)*

Presque toutes ces ruines, entre autres le temple d'Isis, offrent de beaux restes et sont d'un haut intérêt.

Après avoir parcouru deux ou trois rues qui ne montrent que des vestiges, nous sommes entrés dans le Forum où se trouvent, comme de juste, les plus beaux monuments. En face, le temple de Vénus; à sa gauche, une vaste basilique; sur le côté, trois petits temples peu nommés; vis-à-vis le temple de Jupiter; tout auprès, celui d'Auguste; et, en revenant vers l'entrée, le Décurionat, le temple de *(Le Forum. Temples de Jupiter et d'Auguste.)*

Mercure et une vaste enceinte désignée sous le nom d'Eumachie. Le centre est resté vide ; mais les portiques qui séparaient les monuments, en mettant les promeneurs à l'abri, sont parfaitement indiqués par des vestiges.

>Eumachie.

Pour contempler plus à loisir ce bel ensemble, nous nous sommes établis sur le tronçon d'une des colonnes du temple de Vénus, et avons fait honneur au déjeuner que nous avions prudemment apporté : c'était aussi prendre des forces dont nous devions trouver l'emploi.

On préludait nonchalamment auprès de nous à quelques nouvelles fouilles que l'on aimerait à voir plus complètes et mieux suivies.

La huitième partie des ruines de Pompeï est à peine découverte, et il en est résulté tant de belles choses en tous genres, que la sollicitude royale devrait être stimulée. Tout y est retrouvé entier. La cause en est simple : la ruine de Pompeï n'a été ni le résultat d'un incendie, ni la suite des ravages du temps. Les cendres du Vésuve, soulevées par le vent, se sont abattues sur la ville et ont encombré ses rues au niveau des toits. Les habitants renfermés dans leurs demeures, les prêtres dans leurs temples, vaquaient à leurs occupations attendant le moment de se frayer un passage. Une pluie diluvienne, en délayant ces cendres et fermant ainsi toutes les issues, a porté partout la mort en même temps. Tout est demeuré intact; chacun est resté à son poste. Ce colmatage général ne laissant aucun contact avec l'air extérieur, celui-ci n'a pu exercer sa funeste influence, et, à mesure des découvertes, on croirait rétrograder au jour même de la catastrophe.

Le poids des cendres a vainement fait céder les toitures. Les maisons, à une seule exception près, — celle dite de Diomède, — n'ayant qu'un étage, tout se retrouve dessous. Aussi, lors des déblais, s'arrête-t-on à une certaine hauteur pour procéder avec certitude aux découvertes et en faire hommage aux grands personnages lorsqu'ils viennent visiter Pompeï.

Quelques érudits prétendent que ce désastre de Pompeï avait été précédé par d'autres sinistres; que les laves du Vésuve avaient déjà mis en fuite les habitants à diverses époques; que la preuve se trouve dans des fouilles actuelles, où l'on rencontre de plus anciennes dévastations provenant du même fait, et qui n'avaient pu être réparées. Ils en concluent qu'un petit nombre d'habitants ayant bravé de nouveaux dangers, celui des victimes avait dû être moins considérable, et, par suite, les nouvelles recherches moins productives.

Je laisse à d'autres à se prononcer. Cette conjecture pourrait être assez probable.

Il en résulte que les fresques nouvellement retrouvées ont conservé leurs couleurs primitives; que les statues n'ont subi aucune mutilation ; que les ustensiles et les joyaux sont tels que si on allait en faire usage ; les amphores remplies de vin, le pain sortant du four et les habitudes des temps anciens prises sur le fait en toutes choses ! C'est ce qui donne à Pompeï un si grand intérêt. Aussi, je m'étonne qu'à l'aide des débris les mieux conservés, on n'ait pas eu la pensée de reconstruire une rue telle qu'elle était jadis, lors de sa ruine, 79 ans après l'ère chrétienne, et de donner ainsi une juste idée de tout le reste, — sauf des Romains qui y faisaient leur demeure et qu'il serait plus difficile d'y replacer.

Les grands bains, décorés par plusieurs fresques fort impudiques, nous arrêtèrent plus longtemps. Parmi les plus récentes fouilles, je citerai la maison du Marbrier et celle du Marchand d'huile, où tout est encore intact ; revenant sur nos pas, la maison du Faune, d'où a été enlevée la belle mosaïque représentant le Triomphe d'Alexandre, transportée agli Studii, et dont je vous ai parlé ; la maison de Castor et Pollux, celle de Méléagre et du Centaure, ainsi nommées à cause des statues et des fresques qui les ornaient. Plusieurs de ces fresques ne sauraient être montrées aux dames ; d'autres, plus indécentes encore, ont été murées ; mais les custodi trouvent le moyen de les faire voir pour obtenir un plus fort salaire.

Les maisons, presque toutes semblables, se composaient d'une entrée formant vestibule, de deux péristyles entourant une cour pavée au centre de laquelle se trouvait une fontaine et donnant entrée dans les chambres très petites. Plus loin, un autre péristyle servant aux festins ; ensuite, les cuisines, les celliers et les logements des esclaves des deux sexes, le tout de plein pied et peu vaste ; les revêtements et les peintures servaient seuls de distinction. Les hommes passant leur vie au Forum, qui tenait lieu de cafés ou de clubs, il ne leur fallait de place chez eux que pour les femmes, pour y manger et pour y dormir.

Sur l'autre façade, la maison du Poète tragique, plus loin celle de l'Acteur, le four public, la maison d'Isis, celle des Danseuses, celle des Vestales, et enfin, en nous rapprochant de la porte Herculéenne, des armes parlantes sur une maison dont l'usage ne saurait laisser aucun doute.

Cette porte, précédée par son corps-de-garde, donne entrée dans la rue des Tombeaux, nombreux, dont plusieurs bien conservés, laissant à gauche la villa de Cicéron, et se terminant par cette villa de Diomède que je vous ai citée comme faisant seule exception pour avoir eu un étage supérieur, des terrasses sur un jardin, etc.; il est vrai qu'elle était hors de l'enceinte et presque dans la campagne.

Je ne sais si, après une telle relation, j'oserai vous parler encore du vaste Cirque qui se trouve à l'extrémité opposée et assez éloignée. Je ne saurais cependant le passer sous silence. Nous nous y sommes fait conduire en voiture. Ces dames n'avaient plus la force de marcher, et l'attrait de la curiosité avait seul soutenu leur courage :

On pouvait être fatigué à moins.

Cet immense amphithéâtre terminait la ville de ce côté. Nous y sommes arrivés en montant sur le

sol superposé auquel on n'a pas encore touché. On y entrait par les deux extrémités de son ovale prolongé. Tout autour s'élevaient plusieurs rangs de gradins ; les larges dalles dont ils étaient formés, enlevées en partie avec l'autorisation du roi Murat, ont servi à d'autres édifices. C'était grâce à ces concessions et aux travaux qu'ils faisaient entreprendre, que les Français avaient rendu leur occupation populaire en Italie. Que de fois n'avons-nous pas entendu notre cicerone et la plupart des custodes qui nous introduisaient, répéter avec regrets « qu'au temps des Français il se faisait
» bien plus de choses, et que chacun se trouvait
» plus heureux... »

Réjouissez-vous, je m'arrête.

Il est probable que vous ne m'avez pas attendu.

LETTRE XXXIX.

Naples, le.....

Je pourrais me faire un mérite à vos yeux, car si j'ai suspendu mon récit, il n'en a pas été ainsi de notre course.

J'avais traité avec notre automédon pour revenir à Naples par terre; la rapidité du chemin de fer et son parcours suivant le rivage ne nous auraient pas montré le pays.

Laissant donc la strada ferrata se frayer un pénible passage au travers des montagnes de lave ou sur des scories en dentelures dont nous avions déjà joui, la route ordinaire dominait le golfe à sa gauche; l'autre côté nous montrait le Vésuve sous ses différents aspects, et les contrées dont une partie a été ravagée par sa brûlante lave, tandis que le surplus attend le même sort. Cependant ces pays sont toujours habités, et leurs populations sont même plus nombreuses que celles des autres parties du territoire napolitain. Après *il Bosco delle tre Grazzie*, dont j'ignore l'étymologie, nous avons retrouvé la Torre dell'Annunziata qui se voit de loin et dont les eaux jaillissantes mettent en œuvre diverses industries, ensuite la Torre del Greco dont une partie semble incrustée dans les laves, et nous sommes enfin entrés à Portici, ce qui ne veut pas dire que nous soyons prêts d'en sortir tant cette ville se prolonge.

<small>Portici.</small>

Tout à l'entour sont des villas habitées. Nous nous sommes bornés à voir le palais du roi dont l'entrée est sur la rue qui sert de route, et à

<small>Palais du roi.</small>

parcourir ses jardins en terrasses qui descendent jusqu'à la mer. Enfin nous sommes sur la place.

Là était le principal but de notre course !

J'aurais crainte de vous redire ce que vous savez déjà mieux que moi, si je ne m'y étais à peu près condamné dès le début de mon voyage.

Combien n'apprécierais-je pas quelque récit nouveau sur des lieux tant explorés et si souvent décrits !

Portici n'est autre chose que la calotte d'Herculanum, ce dont ne pouvaient se douter ceux que la fertilité de son sol, la salubrité de son climat, l'abondance de ses eaux et sa belle vue, engageaient à s'y établir.

Ce fut par un hasard que la ville, plus ancienne que Troie et engloutie par le Vésuve en l'an 79, fut retrouvée.

Herculanum.

Des ouvriers employés par un prince de Lorraine à creuser un puits pour les besoins de son palais, trouvèrent, à une certaine profondeur, une vaste excavation dans laquelle ils descendirent. C'était un des endroits respectés par la lave qui n'avait pu y pénétrer; on y trouva d'abord une statue d'Hercule en argent, qui donna lieu à d'autres recherches, et Herculanum ressuscita à la suite de seize siècles.

Je prétends trouver *Artaria* en faute à ce sujet. C'est, au surplus, la seule fois! Il attribue à Herculanum ce qui a eu lieu à Pompeï.

Ici, la lave se déroulant sur elle-même, ainsi qu'on peut l'observer à la suite de chaque éruption, a tout envahi sur son parcours. Son éloignement du cratère et la lenteur de sa marche à travers le pays qu'elle avait à parcourir, donnant le temps aux habitants de soustraire leurs personnes et ce qu'ils avaient de plus précieux au funeste fléau qui venait les atteindre, les monuments seuls durent être abandonnés.

La lave avançant toujours vint envahir les rues, pénétra dans les édifices en formant des murs d'airain pour marquer son passage; s'amoncelant là où elle trouvait des obstacles, les plus hauts monuments furent dépassés par elle, et incrustés dans ses flancs en guise de gigantesque mosaïque.

Les temples furent recouverts à plus de soixante pieds, assure-t-on.

Le dôme d'airain qui en résulta, en faisant disparaître les moindres traces du passé, donna les moyens de construire sur de pareilles fondations,

— sans concevoir aucune crainte, — la ville nouvelle de Portici.

Nous eûmes recours au custode pour pénétrer dans la cité souterraine à l'aide de nombreuses marches entaillées dans la lave. Il se munit de torches pour nous indiquer le chemin et nous montrer les découvertes. C'étaient, hélas! les seules lumières qu'il lui fût permis de mettre à notre disposition. Sa suffisance ne pouvait être comparée qu'à son ineptie. A chaque pas, il nous disait : « Ceci est un mur, cela un escalier ; plus loin, une colonne. » Comme, grâce à ses flambeaux, nous en voyions autant que lui, nous mîmes, par nos lazzis, un terme à ses explications ; et, après avoir examiné le fronton du théâtre, vu le jour par l'ouverture qui a donné lieu à sa découverte, le portique de son palais et quelques traces moins importantes, nous sommes remontés sur terre sans avoir rien perdu, par suite de la comparaison, de l'enthousiasme que nous avions rapporté de Pompeï !

En rentrant à Naples, il faisait nuit ; ce qui n'empêchait pas le roi de faire manœuvrer ses troupes pour les mieux préparer à une revue qu'il se disposait à offrir à l'empereur Nicolas. Nous avons assisté au défilé qui s'en est suivi. Chaque guide avait une lanterne au bout de son fusil, il en résultait un singulier effet ; ils les avaient encore en traversant la ville, musique en tête, pour retourner dans leurs quartiers.

Le roi, dans son ardeur, les avait fait manœuvrer pendant huit heures : seulement on avait oublié de leur faire manger la soupe auparavant, ce dont ils n'avaient pas osé se plaindre.

Notre déjeuner de Pompeï sur le tronçon de colonne du temple de Vénus, avait aussi fait bien du chemin !

LETTRE XL.

Naples, le.....

Le saint jour du dimanche devait être consacré à assister aux offices à la Cathédrale, à mieux revoir la chapelle gothique qui nous avait semblé si extraordinaire la première fois. A examiner le peuple des rues, encore augmenté par celui des campagnes en habits de fête, et le gala des grands seigneurs al Corso.

Le peuple de la cité employait ses loisirs à se peigner sur les portes. Nul changement dans son costume, tout aussi déguenillé, tout aussi sale le dimanche que les autres jours.

Nous avons eu le spectacle d'une nouvelle mariée que l'on promenait en voiture, et qui semblait plus occupée de ce triomphe, — qui ne se renouvellera pas, — que de son mari qu'elle allait retrouver chaque jour.

Le nombre de mendiants était plus considérable : nous n'avons remarqué, parmi les infirmités qu'ils présentent à l'appui de leurs obsessions, ni boiteux, ni bossus; mais, en revanche, ainsi qu'à Rome, un grand nombre d'aveugles.

Plusieurs, et surtout les jeunes filles, mendient en vendant des fleurs. Le nombre de bouquets qui se distribuent chaque jour ne saurait s'évaluer. Je pouvais fleurir ces dames à raison d'un carlin chaque : aussi ne leur en était-il pas fait faute. Les pareils à Paris auraient coûté douze francs.

Les groupes qui entouraient les parades des petits théâtres, les marionnettes et l'arlequin napolitain si renommé, étaient plus nombreux, plus joyeux, plus bruyants, ce qui semblait donner plus de verve aux acteurs ainsi applaudis. Mais, parmi tous ces spectateurs, dont le plus grand nombre venait des villages environnants, absence complète de ces charmants costumes que l'on ne rencontre plus qu'en gravures.

Il signor Gaetano, chez lequel nous avons fait de fréquentes stations pour orner nos albums, est le mieux assorti et le plus accommodant. Joignez-y la vue du Vésuve fumant en perspective et montrant ses flammes fort distinctes, et vous comprendrez notre prédilection pour son magasin. Le soir aussi, quand nous n'allions pas au spectacle, nous prenions des sorbets, dei pezzi duri et dei granati, au café; mais il n'était pas indifférent de bien choisir. Celui au coin de la rue de Tolède et del largo di San-Spirito nous a semblé justifier sa célébrité.

Ici, comme à Rome, tous les magasins se ferment à la nuit; aussi, comme à Rome, la ville paraît-elle fort triste et demeure-t-on désœuvré, surtout quand on séjourne trop peu pour vouloir faire des visites et aller dans le monde; d'ailleurs, le moment n'était pas encore propice : les ambassadeurs n'avaient pas ouvert leurs salons.

Quant à nous, notre journée s'est terminée en prenant le chemin de fer qui conduit à Capoue, pour nous arrêter à Caserta. C'est la principale résidence royale : une entrée grandiose est auprès du

Caserta.

débarcadère; une vaste cour est encadrée par quatre beaux corps de logis; on vante la chapelle, le vestibule et les appartements royaux. Nous avons préféré les jardins, leurs bosquets, la pièce d'eau et les cascades, mais surtout l'aquéduc qui y porte les eaux d'une grande distance et par des travaux d'art multipliés. Le plus important est le viaduc qui, à l'aide de trois rangs d'arches superposées, sert à leur faire franchir une profonde vallée.

Le lendemain était réservé pour de nouvelles jouissances. Nous reprenions le chemin de fer qui nous avait conduits près de Pompeï, où je vous avoue que je suis revenu deux autres fois; et, suivant les rivages de la mer, nous sommes arrivés à Castellamare, que l'on prétend superposé à Stabia, comme Portici à Herculanum, à la suite de la même éruption. Je vous en parlerai au retour, notre unique soin pour le moment ayant été de nous procurer des voitures à suffisance pour transporter plus loin notre bande qui se trouvait plus nombreuse ce jour-là.

A moitié chemin, et au-dessus d'une vaste vallée que nous avons franchie après plusieurs contours sur un double pont que, nous avions eu pendant long-temps en perspective, nous sommes parvenus

Castellamare.

Vico. à Vico qui couronne la montagne opposée. Ses rues étroites, la belle vue que l'on y découvre, les forêts d'orangers dont les branches obstruent le passage, ont ralenti notre course pendant quelques instants. Enfin il piano di Mela nous a conduits à *Sorrente.* Sorrente, suspendus en corniche, et, suivant les plus belles montagnes aussi couvertes d'orangers en fruits, nous sommes descendus à l'auberge du Tasse, — qui serait un palais, — avançant dans la mer, ayant un rocher pour base et baignée par l'écume des vagues irritées; auprès est un vestige de la maison où naquit le Tasse, le surplus s'était écroulé depuis peu; en face l'île de Capri et la Grotte d'azur, où nous ne pouvions pénétrer, la mer n'étant pas propice.

C'était le seul regret que nous devions éprouver. Après quelques excursions sur les rochers et dans les jardins d'alentour, nous sommes revenus vers Castellamare, ayant alors en perspective le Vésuve, Naples et la partie du golfe où se trouve Baïa, le cap Mysène, Ischia et Procida qui, à leur tour, montraient de beaux lointains.

A quelque distance de la ville, les uns ont pris des montures pour voir de plus près, sur les flancs de la montagne, quelques ruines peu curieuses.

Nous avons donné la préférence à une église, à des fontaines, à des sources minérales et au beau spectacle du coucher du soleil qui, éteignant ses feux au-delà du golfe, semblait s'éloigner à regret des beaux sites qu'il montrait encore sous un aspect harmonieux.

Le dernier convoi nous ramenait à Naples, et les reflets du Vésuve éclairaient notre route.

LETTRE XLI.

Naples, le.....

Je crains d'être accusé de malice : je vous parle sans cesse du Vésuve et je tarde à vous le montrer. Soyez plus juste ! C'est une recherche que vous devriez apprécier. L'idée que je m'étais faite de cette ascension, pouvait ôter tout intérêt à ce qui me resterait à vous redire ensuite. Ce devait être la journée la plus fatigante, la plus féconde en émotions ; je voulais la garder pour la fin.

Rien de nouveau jusqu'à Portici, où nous sommes venus en voiture, — pas même un nouvel appel à *l'érudition* du custode d'Herculanum.

Resina pourrait passer pour un faubourg de la

Ascension au Vésuve.

Resina.

patrie de Masaniello. Nous étions renseignés sur les meilleurs guides, sur les montures les plus sûres, et nous avons fait nos conditions, en nous gardant de rien payer d'avance pour être plus certains qu'elles seraient fidèlement remplies, précaution qui nous avait été recommandée et dont nous avons apprécié le mérite. Notre caravane s'est mise en route, chacun monté sur un mulet, chaque mulet escorté par un guide muni d'un double bâton ferré qui devait plus tard remplacer nos montures. Un guide supplémentaire portait nos provisions ; c'était celui qu'il était prudent de moins perdre de vue.

Presqu'à la sortie de Resina, nous avons trouvé des laves amoncelées depuis l'éruption de l'an 79, et assez semblables pour la forme aux principaux glaciers de Chamouny ; d'autres laves plus friables ont cédé à l'action du temps, et la culture en a fait usage.

A mesure que nous avancions, ces exceptions devenaient plus rares, et la lave plus étendue. Il en a été ainsi pendant que nous gravissions jusques à San-Salvatore, où nous nous sommes arrêtés dans la cour de l'Ermitage, pour déjeuner *pittoresquement*, ce qui, grâces à notre appétit, ne devenaît qu'un accessoire. Auprès, est un poste établi pour la sécurité des voyageurs. La manière dont ceux qui l'occupent m'ont semblé faire leur service, ne saurait être rassurante si le danger était réel. Cependant il faut payer tout comme, soit que l'on accepte leur concours, soit qu'on leur demande de s'en dispenser, — ce qui revient à peu près au même ! Commandés pour vous escorter jusqu'au cratère, où des vols ont été fréquemment commis, on les retrouve endormis au pied de la montagne : ils sont payés, c'est là leur principale affaire.

Après un repos nécessaire pour nous, nos mulets et nos guides, nous avons recommencé à gravir, toujours au milieu des laves, sauf quelques places clair-semées plantées de vignes rabougries et produisant le vin de Lacryma-Christi dont je permets l'éloge à ceux-là seuls qui n'en ont pas goûté.

Enfin, à l'Atrio del Cavallo on se sépare des montures pour faire usage des bâtons ferrés. Nous nous y sommes rencontrés avec plusieurs Anglais, touristes comme nous, mais qui étaient montés la nuit, à la lueur des torches, pour admirer de plus près le soleil à son lever; un épais brouillard étant venu y mettre obstacle, ils n'avaient pas voulu voir autre chose et s'en retournaient désappointés, glacés, mourant de faim, et, par conséquent, de fort mauvaise humeur.

C'est de ce point que l'ascension devient réellement pénible et dangereuse. Quelques dames s'y font porter ; mais le danger est plus grand encore, malgré l'habitude des quatre guides qui se relaient pour ce service, et qui gagnent loyalement les 20 francs qu'ils se font payer. Ce côté semble à pic, il faut placer son pied dans des anfractuosités de la lave, gravir sur des blocs, chercher en zigzag un passage, s'accrocher des mains, s'aider de ses genoux, faire usage de son bâton et bien garder son équilibre.

Nos dames s'en sont admirablement tirées. Marguerite, surtout, qui paraissait découragée, a retrouvé son énergie pour parvenir la première au sommet. Nous avons suivi son exemple.

Le secours des guides est inutile, il suffirait d'en avoir un pour bien indiquer les passages, les autres ne font que prendre votre argent.

Parvenus à la cime il faut se retourner, voir à ses pieds les masses superposées qui semblent ne laisser aucun passage, les villes et les ruines dans le lointain, et la mer dans son immensité.

On redescend ensuite pour se rapprocher du cratère. Plus heureux que nos devanciers, le brouillard s'était dissipé; le soleil était brillant et le Vésuve lançait des flammes.

Une vallée entière était presque comblée depuis moins de trois mois par l'abondance des laves qui s'y étaient amoncelées, et, en même temps que nos guides nous annonçaient une prochaine éruption, ils affirmaient que les nouvelles laves, ne trouvant plus assez de place, se répandraient bien au-delà de la montagne.

Nous contournions cette lave figée ; mais, en nous rapprochant du cratère elle se montrait rouge et brûlante. Le feu ne s'élançait pas du sommet, la lave se faisait jour par cinq ou six ouvertures différentes, et se déroulait à nos pieds en avançant sans cesse, se renouvelant toujours et nous entourant de ses vapeurs soufrées. En même temps le Vésuve lançait des pierres et des tourbillons de fumée : de deux minutes en deux minutes, une détonation, telle qu'un coup de canon tiré en mer à une faible distance, nous avertissait que le gouffre allait vomir des projectiles qui, parvenus à une assez grande hauteur, se brisaient et roulaient ensuite après être retombés sur le sol. Le cratère dernièrement écroulé, avait la forme d'un cône tronqué vers ses deux tiers. Les cinq ouvertures béantes qui donnaient passage à ses ruisseaux de lave, étaient supérieures à sa base, et ceux-ci coulaient abondamment. La lave, en s'arrêtant, changeait successivement de couleur et se crevassait ensuite. Ces dames ont pris l'empreinte de plusieurs baïocchi mis en contact avec elle. Nous sommes demeurés long-temps en présence de cet imposant spectacle qui, là, se borne au cratère et au ciel. Nous avons bu du vin de Lacryma-Christi, que la spéculation avait fait apporter à notre suite, et qui, malgré la fatigue, la chaleur, le besoin de nous rafraîchir et le prix que nous l'avions payé, ne nous en a pas moins paru détestable. Il était cependant bien véritable. Je ne saurais le comparer qu'à de la gelée de groseille trop peu sucrée, mal délayée avec de l'eau.

Il ne nous était pas possible de parvenir au sommet du cône, les détonations suivies de pierres et de nuées de cendres brûlantes, se suivaient de trop près pour nous en laisser le loisir.

Après deux heures employées à parcourir et à admirer, nous nous sommes disposés à redescendre.

On prend pour le retour un autre côté de la

montagne, celui par où l'on monte offrirait trop de dangers. Cette croupe est recouverte de cendres dans lesquelles on enfonce jusqu'à mi-jambes, et qui n'offrent d'autres obstacles que des quartiers de roc lancés par le volcan et qu'il est facile d'éviter. Il faut seulement se pencher en arrière pour résister à l'impulsion de la descente, fort rapide jusqu'au pied.

Ceci a donné lieu à un accident qui pouvait devenir funeste. Ma pauvre jambe, encore bien faible, ne pouvait me prêter un suffisant appui. Entraîné sans pouvoir résister, je prévoyais une chute prochaine que mes efforts ne sauraient empêcher. Mes cris avaient donc pour objet de garantir de tout contact ceux qui étaient en avant de moi. Ma fille voulant en savoir la cause et se retournant mal à propos du côté par lequel je cherchais à l'éviter, se trouvait juste sur mon passage; il en est résulté un choc terrible, à la suite duquel nous avons roulé l'un et l'autre pendant plusieurs pas. Ma seule pensée était pour elle, qui, fort heureusement avait eu plus de peur que de mal, et qui, de son côté, s'empressait de me rassurer. Je tremble encore en y songeant! C'en était fait de l'un et de l'autre si nous avions rencontré un des blocs si nombreux en cet endroit.

Cet accident n'est pas compris dans la gravure qui représente la *Sallita* et la *Diccesa del Vesuvio*, dont les épisodes, un peu chargés, n'en sont que plus divertissants.

Nous avons retrouvé nos mulets à l'Atrio del Cavallo, ainsi que les soldats payés pour nous protéger sur la cime où, fort heureusement, nous n'avions couru aucun danger les *Brigands* ayant probablement eu mieux à faire, et nous sommes revenus à l'Ermitage chercher un nouveau repos et partager avec nos guides les restes de nos provisions qui n'étaient pas à dédaigner après la fatigue du trajet, l'air vif de la montagne et les émotions que nous avons éprouvées.

Nous n'avions plus qu'à descendre en suivant la route Neuve, qui, lorsqu'elle sera terminée, permettra d'arriver en voiture jusque là. Celle-ci est bien plus longue; mais, tracée sur la partie préservée de la lave, elle laisse voir de beaux arbres, des champs fertiles, des points de vue sans cesse variés, et conduit à Resina où seulement on retrouve les mêmes laves.

Nous n'étions pas fâchés de quitter nos montures, et cependant je dois déclarer à leur louange que pendant ce trajet long et pénible, pas une n'avait fait un faux pas. A neuf heures nous étions à Naples; nous en étions partis depuis six heures du matin.

LETTRE XLII.

En route, le....

Nous nous sommes séparés aujourd'hui de la partie de notre bande qui, persistant à ne pas vouloir voyager la nuit et à ne pas coucher dans des auberges, n'avait d'autre parti à prendre que de s'en retourner par mer et sur l'*Herculanum*. Pour les autres, j'avais traité avec un vetturino, qui, moyennant quarante piastres, mettait à notre disposition une très bonne calèche, quatre chevaux et sa personne,—*vita compresa*,— ce qui veut dire qu'il était chargé de nous nourrir et de nous faire coucher sur ce prix. Il nous en eût coûté presque autant dans une mauvaise diligence, passant les nuits et sans nous arrêter pour voir; d'ailleurs, celles-ci ne partent que trois fois par semaine et les places étant retenues d'avance, nous aurions été contraints d'attendre trop long-temps.

Nous avons fait à nos dépens, le dernier jour, une expérience malencontreuse de la cuisine napolitaine ; mais si l'hôtel de la Victoire avait droit à nos préférences sous ce rapport, quand il a fallu payer dans cet hôtel doublement renommé, nous avons eu bien des mécomptes, malgré que tout eût semblé convenu, logement, nourriture, et surtout les pourboire.

On s'est rattrapé sur l'imprévu : une tasse de lait pour un enfant était comptée pour un repas ; la lumière dont nous ne faisions pas usage, passant nos soirées au spectacle, valait le prix d'une illumination ; et, à chaque remarque, j'obtenais pour toute réponse : *Tel est l'usage de ma maison !* Je me suis empressé de payer, ne trouvant rien de mieux à faire. Seulement je mettais en doute que nous fussions dans un pays civilisé, et je ne pouvais comprendre que les étrangers y revinssent après avoir été dévalisés, sinon sur les grandes routes, dans l'intérieur des villes, ce qui peut paraître plus piquant.

Le lendemain, nous étions partis. Carlo, notre cocher, était venu la veille coucher à Capoue, pour pouvoir faire ensuite plus de chemin. La strada ferrata nous a servi à le rejoindre promptement, et, pour varier nos jouissances, nous devions suivre l'autre parcours pour retourner à Rome.

Une tête de pont sur le Valturno marque le point de séparation de la route passant par San-Germano, et de celle de Terracina. A Cascano, nous avons vu pour la première fois le joli costume du pays ; il était porté par de jeunes filles qui se rendaient à une noce, et faisait valoir de fort jolis minois. Nous sommes allés, pendant que Carlo faisait manger ses chevaux, voir à Santa-Agata, ville bâtie en pain de sucre, les ruines d'un colysée sur lesquelles a été édifiée une église qui ne saurait être l'objet d'aucun souvenir ; et, après avoir parcouru de vastes plaines bien cultivées, nous sommes arrivés aux bords du Carigliano, que nous avons franchi sur un pont suspendu, laissant à notre gauche les ruines d'un vaste cirque, à droite celles d'un aquéduc, plus loin la ville de Cessa, écartée de la route ; et, après des montagnes assez boisées, nous avons aperçu Mola di Gaeta, entourée de beaux arbres, traversé ses rues étroites, séparant à peine des maisons qui semblent n'avoir que des portes pour fenêtres, pour parvenir à l'auberge où nous devions nous arrêter, voir, par un beau coucher de soleil, des forêts d'orangers s'abaissant jusqu'au port, et

Cascano.

Santa-Agata.

Cessa.

Mola di Gaeta.

au-delà, à l'extrémité du promontoire, la ville de Gaeta, avec sa curieuse origine, son port anciennement célèbre et toujours fréquenté, ses restes de monuments peu conservés, ses femmes qui ne justifient plus leur célébrité, sa colonne remplaçant une girouette, et sa tour de Roland, qui n'est autre chose qu'un antique tombeau précédé par la tour et les ruines de Castilliano.

Nous étions de bonne heure à la fenêtre pour jouir encore de cet ensemble.

Nous avions été prévoyants, car au sortir de Mola, nous nous sommes trouvés flanqués par deux hautes chaînes des Abruzzes, au pied desquelles nous circulions en nous élevant. Peu à peu la culture cesse; on n'aperçoit plus que de rares oliviers sur un sol pierreux et semblable à celui de la Haute-Provence. Le contraste n'en est que plus frappant après avoir laissé Itri sur la hauteur et en approchant de Fondi, où la culture est si soignée et dont le sol paraît si fertile que l'on serait tenté de le trouver trop uniforme, tant il est vrai que l'homme ne saurait jamais être satisfait.

Un beau lac à notre gauche, que nous avons contourné long-temps, nous a menés à la Torre dei Confini; c'est vous dire que nous changeons de royaume. Deux tours d'un effet pittoresque encadrent une double porte. Quelques douaniers napolitains nous ont fait payer, suivant l'usage, le droit de ne pas être visités; en même temps, un caporal réclamait, en tendant la main, le salaire auquel il prétendait pour avoir apposé sa griffe sur un passeport qu'il se dispensait de déchiffrer, ce qu'il aurait tenté peut-être vainement.

Le chemin se dessine ensuite en suivant le pied d'une colline couverte de grenadiers, de myrtes et d'oliviers sauvages, dont les fleurs répandent un parfum suave : un lac immense borde l'autre côté; enfin, une autre porte précède Terracina; mais ce n'est qu'après avoir passé sous des rochers taillés à pic, que l'on s'introduit dans la première ville papale de ce côté, et que la visite des passeports et des douaniers recommence sur de nouveaux frais.

Terracina.

Carlo s'était arrangé pour y faire manger ses chevaux et nos personnes. Le chef du poste, d'accord avec le maître de l'auberge, prolongeait son opération dans l'intérêt de celui-ci. Notre voiture fut donc entièrement déchargée pour la forme, et la visite fut oubliée grâce à notre savoir-vivre, ce qui devenait fort cher à la longue, mais ce que nous préférions à l'ennui de voir bouleverser nos effets, d'autant que, par vengeance, les douaniers auraient bien pu trouver les moyens de nous faire payer davantage, en étant encore dans leur droit.

L'auberge et la douane, qui occupent le même local, montrent la plage sur laquelle se trouvait jadis la mer. Le rocher dont je vous ai parlé porte à sa cime la ruine quadrangulaire d'un palais à portiques, attribué à Théodoric, mais qui n'avait été que commencé. On remplace par une église un temple précédemment consacré à Jupiter, et une cuve antique, destinée à un tout autre usage, devra servir à faire des chrétiens.

Chaque maison, bâtie en terrasse, se termine par un jardin où les palmiers viennent comme chez eux, en pleine terre, et sont d'un agréable effet. Au pied de cette montagne, de cette ville, de ces jardins, de ces palmiers, commence, ou plutôt se termine il Naviglio-Grande, canal insuffisant pour recevoir et faire écouler les eaux fiévreuses des Marais-Pontins, que, d'ailleurs, la mer fait refluer, ce qui augmente encore les difficultés que la munificence de Pie VII espérait pouvoir vaincre.

Les terres provenant de ce Naviglio-Grande et des nombreux canaux qui viennent le rejoindre, ont servi à former une chaussée qui, traversant en ligne droite, semble, en abrégeant la distance, devoir diminuer le danger. Mais la mort, sous le nom de Mal-Aria, n'en plane pas moins sur ces contrées; et, naguère encore, avant le règne de Pie VI, elle s'y présentait, plus certaine et plus prompte, sous les coups des brigands qui guettaient de loin une proie assurée et se réfugiaient dans les repaires que leur fournissaient les Abruzzes qui bordent ces marais du côté de Terracine et ont long-temps passé pour inexpugnables.

Combien j'aimerais à pouvoir vous redire, après y avoir toutefois échappé, une rencontre avec ces brigands au costume si pittoresque; mais je suis forcé de vous avouer que le même Saint-Père en a débarrassé la contrée avec plus de succès qu'il n'en a eu contre la fièvre.

Les moyens employés ont été peut-être arbitraires, mais ils ont eu le mérite de réussir. Quiconque était accusé d'avoir des intelligences avec ceux-ci, de leur donner des renseignements ou de leur fournir des vivres, était d'abord mis à mort sans pitié, sauf à se disculper ensuite ; l'essentiel était d'inspirer la terreur. Les brigands mourant de faim, décimés par des combats, ne trouvant plus à se recruter, vu que le métier devenait mauvais, virent leur nombre promptement réduit et leurs têtes mises à prix.

Plusieurs portèrent ailleurs leur industrie; d'autres, par des traités, échangèrent leur vie contre leur liberté. Les gendarmes firent le reste. On n'a plus d'autre danger à craindre que celui de la Mal-Aria, et on parvient à s'en garantir en s'enfermant dans sa voiture.

La privation n'est pas bien grande, on ne trouve sur cette route que des marais à perte de vue. Les parties un peu moins submergées sont employées à faire paître des chevaux et de nombreux troupeaux de buffles auxquels je ne saurais trouver aucun charme. Quelques cabanes servent de refuge à des gardiens, dont le visage annonce qu'ils ont déjà renoncé à la santé en se dévouant à ce service, et que, bientôt, ils devront renoncer à la vie!

Sauf trois relais de poste servant en même temps aux gendarmes pontificaux, lesquels, au prix de leur existence, suffisent maintenant pour rassurer les voyageurs contre le danger des brigands, nous n'avons rencontré aucune trace d'habitations. C'est à la Torre dei tre Ponti, que nous avons commencé à respirer plus à notre aise. Aussi loin que notre vue pouvait s'étendre, nous n'apercevions que des marais exhalant des vapeurs méphitiques ; ils s'étendent sur une surface de plus de cent quarante milles.

Nous nous applaudissions toujours davantage d'avoir préféré notre *ami Carlo* aux diligences et même aux relais de poste. Depuis notre départ, nous avions l'avance sur trois voitures précédées cependant par un courrier, ce qui ne suffisait pas pour vaincre la lenteur des postillons et la difficulté de réunir les chevaux paissant en liberté dans les Maremmes et préférant cette mauvaise nourriture au service que l'on réclamait d'eux. D'ailleurs, en franchissant ces relais sans nous y arrêter, nous diminuions *l'influenza* maudite.

Déjà à Mola di Gaeta, nous avions eu les plus belles chambres et mangé le meilleur souper ; nous les devancions encore à Cisterna, n'ayant à partager qu'une seule auberge, l'heure tardive ne nous permettant pas d'arriver à Velletri ; mais le cocher avait eu l'imprudence d'annoncer à notre hôte la bonne aubaine qu'il allait avoir, en sorte que celui-ci nous mit à la ration congrue; je fis alors appeler Carlo, et lui montrant notre souper, je le fis juge de la question. L'aubergiste

Cisterna.

fut mandé, Carlo lui demanda si c'était ainsi qu'il prétendait traiter les voyageurs dont il était chargé, et sans autre forme de procès, saisissant un coin de la nappe, jeta par terre ce qui se trouvait sur la table, en lui prescrivant, sous peine de voir sa maison discréditée aux yeux de tous les vetturini, de nous servir d'une manière plus digne de nos excellences. Je ne fus un peu rassuré à la suite de ce coup d'Etat, qu'en voyant resservir un souper fort comfortable et très bien accueilli.

Tant pis pour les tardifs voyageurs en poste : ceux-ci ne passent qu'une fois ; les voituriers tiennent la route : il n'y avait pas à hésiter.

Carlo, le lendemain, s'applaudissait encore de son énergie. Nous eussions probablement été mieux à Velletri que nous traversions de bonne heure ; mais j'aurais été privé de cet épisode qui vous renseignera sur les mœurs de la localité. Cette ville n'offre guère que des souvenirs historiques ; les traces de ses grandeurs ont toutes disparu. Nous nous sommes hâtés de passer outre en jetant un coup d'œil sur le lac de Genzano, ainsi que sur Torricia, où il ne se trouve qu'un palais et une église, pour arriver plus tôt à Albano où nous préférions nous arrêter.

C'est à Albano que les familles les plus considérables de Rome viennent de préférence passer l'été pour se soustraire à la chaleur et à l'insalubrité. Sa charmante position, ses frais ombrages, ses eaux abondantes et vives justifient ce choix : aussi une partie de la ville ressemble-t-elle à une réunion de palais, et ses alentours sont-ils peuplés de villas ravissantes. Nous sommes montés au couvent des Capucins pour redescendre ensuite dans une de ces vallées dont le fond est un lac, dont les pentes sont boisées, où se trouvent des ruines, et en face une charmante habitation. Nous avons moins apprécié l'église que l'auberge où nous sommes descendus, et qui, partout ailleurs, semblerait un magnifique palais.

Albano.

Nous avions trouvé la route charmante pour y arriver; nous devions la trouver plus ravissante encore en descendant de ses hauteurs d'où nous dominions le pays, partout montueux, et toujours pittoresque. Après avoir vu il castel Gandolfo, maison de plaisance du Pape, où l'art s'est efforcé de dompter la nature redevenue sévère après Albano, et vu la villa Barberini, qui tient la place de la villa de Domitien, nous sommes venus à Frascati chercher la villa Aldobrandini,

Castel Gandolfo.

Frascati.

création du pape Clément VIII et appartenant à sa famille; sa terrasse, son palais et sa vue.

Ceci complétait notre voyage ; il ne nous restait plus qu'à rentrer dans Rome pour en repartir le lendemain.

LETTRE XLIII.

En route, le......

J'ai à vous rendre compte avec humilité, d'une nouvelle mystification qui ne sera probablement pas la dernière, malgré mes soins pour m'y soustraire. Le portier-consigne, qui s'était emparé de nos passeports en entrant, ne devait les transmettre à la police que dans la soirée. Il me devenait dès lors impossible de les faire viser aux diverses chancelleries.

Tout pouvait s'arranger au moyen d'un salaire. Le traité fut conclu et payé chèrement. C'était une bonne affaire, puisque nous y gagnions vingt-quatre heures; mais l'homme ayant reçu l'argent ne s'était plus mis en peine de le gagner. Mes plaintes furent si vives, que le chef de bureau expédia un de ses agents pour prendre les passeports et les faire viser sur l'heure; ce fut un véritable évènement.

Nous en conclûmes que cet acte de justice devait être une rareté.

J'avais aussi à régler un compte avec le loueur, qui m'avait indignement trompé lors de notre premier passage, au sujet des relais et du conducteur, soi-disant envoyés d'avance, et que j'avais payés gratuitement. Mais le calme avec lequel il a reçu mes épithètes de brigand et de voleur m'ayant prouvé que c'était pour lui une habitude, j'ai cessé de m'échauffer inutilement la bile,

Jurant, mais un peu tard, qu'on ne m'y prendrait plus.

Le lendemain nous partions pour Florence.

Une autre route y conduit et se sépare à Foligno de celle passant par Sienne.

La ville d'Assise, dont le nom sert à qualifier saint François dans le Martyrologe, et qui conserve son tombeau dans une église vénérée, n'offre rien autre à remarquer. Il faut s'arrêter plus longtemps pour admirer dans son ensemble et pour voir dans ses moindres détails, Santa-Maria-degli-Angeli, église et monastère fort en renom, où les grands pécheurs vont en pèlerinage réclamer les indulgences qui y sont attachées. Je ne pouvais m'en trouver digne : il n'est pas permis d'en emporter pour autrui. J'ai dû passer mon chemin pour arriver à Perugia, ville considérable qui couronne toute la contrée. Ses hautes murailles se voient de loin, ses palais sont grandioses, ses églises sont nombreuses. Il s'y trouve de belles toiles dues au génie du Perugin, qui en dota sa ville natale en échange du nom qu'il lui empruntait pour immortaliser sa gloire.

Perugia sépare les Apennins, laissant à ses pieds le Tibre, qu'elle charge du soin de fertiliser le pays qu'il traverse, et où il répand ses eaux à l'aide de nombreux canaux ; montrant les coupoles arrondies de ses églises peu curieuses, sauf les stalles de Saint-Pierre où se prélassent des chanoines, un arc de triomphe réduit à l'état de simple porte, et des jardins remplis de fleurs qui embaument par leur parfum.

Après avoir franchi les pentes qui ramènent dans la vallée, son lac montre ses bords bien plantés et les trois îles qui se trouvent au centre. Chiuzi possède aussi un lac et des ruines ; mais on va voir de préférence la digue, les grands ouvrages d'art à l'aide des-

Chiuzi.

quels la contrée est devenue fertile et salubre.

On laisse Cortona sans regrets pour arriver à Arezzo; voir sur sa moins petite place une statue ducale et une fontaine; la Loggia, bel édifice; la Fraternité, qui réunit le grandiose à l'élégance du gothique; la Cathédrale dont l'entrée paraît singulière, éclairée par de beaux vitraux, décorée par d'élégantes ciselures, et renfermant quelques bons tableaux. Les vestiges d'un amphithéâtre ne valent pas une mention.

Arezzo.

Arezzo a donné naissance à Pétrarque, le chantre mélodieux de Laure de Sades la châtelaine de Vaucluse; à l'Arétin aux peintures obscènes; et, parmi d'autres célébrités, al Guido, inventeur des notes de musique, qui nous procurent de si doux passe-temps. San-Giovanni doit sa gloire al Mazaccio. Ancisa est précédée par des monastères haut perchés et pour lesquels il faut s'écarter de la route; ensuite on retrouve l'Arno, ses bords riants, ses plaines fertiles et Florence la belle.

Ancisa.

Après avoir employé vingt-quatre heures à nous reposer, à respirer le parfum des fleurs et à revoir quelques chefs-d'œuvre, nous nous mettions en route pour Bologne.

Nous avions retenu *i buon posti*, c'est-à-dire les

places du fond dans une calèche de vetturino ; nous l'avions laissé libre de disposer du surplus à son profit. Un moine y prit place ainsi qu'une comédienne qui devait débuter à Bologne. Le premier était instruit et causant, la prima dona spirituelle et gaie : cela aidait à nous faire franchir les montées qui se suivaient depuis notre sortie de Florence, laissant Fiesole à notre droite, nous arrêtant à la hauteur de Fontebuona, qui n'était rien auprès de celles de Caffaggiole, et jusqu'à celle de Covigliole, placée au sommet d'une des chaînes des Apennins où il nous fallait parvenir, pour faire un dernier adieu aux villas nombreuses, à la vaste vallée, à l'Arno qui y serpente gracieusement et à la ville qui se trouve au centre.

Les quatre chevaux de notre équipage, augmentés de quatre autres chevaux loués et souvent renforcés par des bœufs, ont à peine suffi pour nous conduire à leur cime, où des murs épais et prolongés servent d'abri contre le vent, dont la violence en cet endroit culbutait souvent les voitures et emportait les piétons dans la vallée.

Nous nous sommes privés de voir brûler l'eau qui s'enflamme au contact d'une allumette; de même, auprès de Pietra-Mala, le germe d'un futur

Vésuve auquel le précédent ne saurait laisser aucun intérêt. A Feligare, nous avons payé la douane pour faire plomber nos bagages, espérant vainement nous soustraire ainsi à de nouveaux ennuis : — nous en avons été pour notre argent. — Enfin, après quinze heures de constantes montées, ne pouvant atteindre le ciel, nous avons commencé à descendre.

Les brouillards au-dessus desquels nous planions, nous présentaient un singulier mirage. C'était la mer, des îles, des promontoires qui changeaient d'aspect à mesure que nous changions de place. C'était une admirable fantasmagorie de la nature disparaissant à Lojano, pour nous montrer l'immense plaine au centre de laquelle on aperçoit Bologne ses tours et ses clochers, après lesquels on soupire cependant encore pendant long-temps. Bologne.

Partout sur ces montagnes la culture est belle, les maisons soignées et les habitants dans l'aisance. Nous avons rencontré divers convois dont les charrettes étaient attelées de trente-deux bœufs aux belles formes, aux longues cornes en spirale, et qui, malgré leur force, avaient de la peine à gravir les pentes que nous parcourions en sens contraire et non sans dangers.

Bologne a droit à plusieurs genres de célébrité. Si j'agissais en gastronome je signalerais d'abord sa mortadella par excellence et son cachou non imité; mais vous me prendriez pour un gourmand ou pour un malade.

Procédons autrement, parcourons ses longues rues généralement bordées par des arcades, ce qui leur donne une pénible uniformité. Suivons sa place entourée de même, au centre de laquelle est la fontaine de Neptune, dont la statue, attribuée à Jean de Bologne, semble petite pour un pareil espace, et dont un côté est occupé par le palais du gouverneur. Admirons l'église de Saint-Sauveur, la plus ornée, San-Petronico, la plus grande, la Cathédrale, la plus vantée à cause de sa belle façade, de ses portes en bronze finement ciselées, de ses bas-reliefs, de ses vitraux et de ses fresques; voyons encore à Saint-Dominique ses statues, ses mausolées et l'antique chapelle de Saint-Etienne. Mais allons sur le mont de la Guardia, si nous voulons décrire Notre-Dame de Saint-Luc ; revenons par le cimetière, qui pourrait, si on devait y prendre place, consoler de mourir, — mal jusqu'à nous demeuré sans remède, — mais auquel les lumières en progrès laissent peut-être quelques chances à ceux assez heureux pour pouvoir désirer de vivre long-temps ; Promenons-nous devant ses portiques prolongés, ses monuments et ses peintures, en regrettant que le temps nous manque pour mieux en apprécier les détails. Etonnons-nous devant les tours des Asinelli et de la Garisenda, destinées à se trouver jumelles et demeurées fort inégales par suite de l'affaissement du sol qui les supporte. La plus haute, légèrement inclinée, dépassant de ses trois cents pieds de hauteur les édifices les plus élevés de nos jours ; l'autre, presque tombante, demeurée inachevée, déjouant toutes les règles du centre de gravité et ne laissant pas comprendre la sécurité de ceux qui habitent à l'entour ; revenons à l'Académie nous reposer devant quelques belles toiles; passons encore devant plusieurs palais dont le plus beau à l'extérieur et le plus riche à l'intérieur est, sans contredit, le palais Bacciocchi. Laissons-y un souvenir pour cette ravissante princesse que la gloire de son frère y avait installée en souveraine, et terminons notre revue par le palais du vice-légat, en face duquel le portique des Banchi attire bien plus les regards.

Le soir, le théâtre *Tabarin*, nationalité bolognaise, nous a montré des marionnettes peu perfectionnées malgré leur célébrité, et nous sommes venus chercher un repos fort nécessaire, devant repartir le lendemain d'assez bonne heure et trouvant notre journée suffisamment remplie par ce que je viens de vous raconter et par ce que j'ai passé sous silence, suivant ma coutume, alors que je me trouve désappointé.

LETTRE XLIV.

En route, le....

J'ai subi une nouvelle mystification au moment de notre départ. Cette fois, cependant, je n'avais rien à me reprocher. Avant de traiter, on m'avait montré une excellente calèche et quatre fougueux chevaux; le prix était en conséquence, et j'avais reçu les arrhes du marché. Le lendemain, ce n'était plus la même chose : chevaux et conducteur étaient partis depuis une heure, conduisant d'autres voyageurs qui devaient les employer pendant plus long-temps, et par lesquels il s'était fait rembourser avec usure la garantie de mon traité. J'ai dû chercher un autre véhicule où nous nous sommes installés de crainte de surprise, et, dès que les chevaux ont été mis, nous étions en route pour Ferrare. Sa citadelle se voit de loin ; la ville est belle, ses rues sont larges, la place Napoléon a été débaptisée en faveur de l'Arioste, dont la statue se trouve au centre et dont Ferrare se glorifie d'être la patrie.

Ferrare.

Après avoir, suivant notre usage, vu les églises, dont la Cathédrale mérite seule d'être citée tant par sa date que par ses bas-reliefs, Saint-Benoît par son étendue, et Santa-Maria-del-Vado par suite d'un miracle ; parcouru la Bibliothèque, riche surtout en manuscrits, et accordé nos sympathies à la prison où le Tasse vint expier un amour qui devait le rendre aussi célèbre que son génie, nous sommes arrivés au palais du vice-légat, singulier par sa forme, flanqué de quatre tours, véritable forteresse entourée d'eau de toutes parts, pour garantir le représentant du successeur de saint Pierre qui y fait sa résidence, contre les exigences parfois hostiles de la population.

A peu de distance de Ferrare, nous avons traversé le Pô, grossi par les pluies précédentes, et franchi, sur l'autre rive, une espèce de portail qui, servant d'abri à des douaniers, indique le commencement de la domination autrichienne, et, dès lors, une nouvelle visite plus minutieuse que les précédentes. Nous avons suivi une chaussée bordée de beaux arbres et surmontant des marais sans fin et constamment inondés par les débordements du Pô et les affluents de divers canaux. Il en est ainsi jusqu'à Rovigo, où nous ne croyions jamais arriver tant la route nous semblait monotone : toujours une chaussée cahotante en ruban de queue bordée de peupliers, toujours des marais couverts de joncs et de mousse d'où sortaient, d'espace en espace, quelques chapeaux de saules rabougris.

Nous nous étions plaints des trop hautes montagnes; combien nous regrettions leurs incidents qui, au moins, apportaient quelque diversité à nos regards; l'aspect des lieux exerce en voyage une grande influence sur les dispositions de l'esprit et du corps.

Rovigo. Enfin, nous sommes parvenus à Rovigo, qui ne nous a offert, pour tout dédommagement, que le souvenir d'une des gloires de l'Empire.

Nous avons ensuite traversé l'Adige, dont le fond est supérieur aux terres qui sont auprès; ce qui, joint à l'insuffisance de ses digues, maintient sous l'eau toute la contrée.

Aussi avons-nous salué avec bonheur une chaîne

de montagnes qui nous annonçait Monselice, couronné par des vestiges d'une forteresse du moyen-âge. La position de ce bourg, le large canal qui le traverse, quelques jolies habitations, la forme à pic de ses rochers, les bois qui recouvraient leur base, avaient en outre le charme du contraste.

Monselice.

A Arqua, nous sommes allés voir la maison de Pétrarque, son fauteuil et son tombeau. Je n'oserais pas répondre que le souvenir de son chat, réduit à l'état de squelette, n'ait pas eu quelque part à notre curiosité. A Santa-Helena se trouve un château assez baroque, et plus loin une belle habitation léguée au duc de Modène par un gentilhomme padouan, qui, n'ayant pu faire admettre de son vivant la prétention d'être parent du souverain, lui avait laissé sa fortune par testament et en qualité de *cousin*, que le duc ne contesta plus à ce prix.

Arqua.

Santa-Helena.

Enfin nous sommes entrés dans Padoue, qui réunit l'aspect d'une grande cité à la défense d'une ville savamment fortifiée. L'église de Sainte-Justine et sa place grandiose la précèdent de ce côté et présentent un bel aspect : ses huit coupoles rapprochées lui donnent l'aspect d'une mosquée. Le grand Saint-Antoine devait nous attirer ensuite ;

Padoue.

son extérieur montre aussi des coupoles dominées par deux clochers élevés ; ses trois nefs sont vastes et renferment de beaux monuments. La chapelle du saint patron serait magnifique, même auprès de celles que l'on vante à Rome ; son maître-autel, la chapelle du Saint-Sacrement, ses statues et ses peintures doivent être cités.

La promenade del Prato-del-Valle est un véritable Panthéon en plein air, où se trouvent, en marbre, les statues de toutes les célébrités dont Padoue s'honore ; et, parmi ses palais, celui de Pepe Fava m'a semblé défiguré par un groupe colossal de démons qui semblent repousser les visiteurs.

Au lieu d'aller voir l'Hôpital, nous sommes venus au Café Neuf où nous étions plus assurés de nous pourvoir d'un déjeuner. Cet établissement, ainsi que ce qui nous a été fort lentement servi, ne nous a pas semblé justifier sa renommée. A quoi me servirait-il de vous dire que, s'il faut en croire les annales, l'origine de Padoue remonterait au roi Priam, par conséquent, à la ruine de Troie ? Comme il ne reste aucune trace de cette époque, nous nous hâterons de prendre le convoi qui nous mènera jusqu'à Saint-Julien, au bord des lagunes, en traversant de beaux villages, des villas, des usines et des jardins, et où l'on s'embarque dans des gondoles, en attendant le moment très prochain où l'art, surmontant la nature, fera franchir ces lagunes sur un viaduc ayant près de deux lieues et reliant Venise à la terre ferme sans lui ôter sa spécialité.

Le même convoi y transportait S. A. R. Madame, qui avait accompagné jusque-là S. A. R. Madame la duchesse de Lucques, et qui avait failli devenir la victime d'un accident. Un feu de charbon mal éteint dans sa chambre, l'avait presque asphyxiée : réveillée étouffant, se traînant vers sa porte pour chercher de l'air et du secours, on l'avait trouvée mourante sur le seuil. Elle était encore pâle lorsque nous apprîmes le danger auquel elle venait d'échapper ; et notre empressement à lui rendre nos devoirs dut s'augmenter d'un surcroît d'intérêt.

LETTRE XLV.

En route, le

Salut Venise ! Venise la coquette ; Venise la belle ; Venise, jadis si riche et si puissante ; Venise, créée au sein des eaux qu'elle domine de ses palais

Venise.

et qui enveloppent tous ses contours ; Venise, aux souvenirs de terreur et de gloire ; Venise, aux légendes de guerre et d'amour ; Venise, où le pouvoir occulte ne frappait que ceux qui tentaient d'asservir une république jalouse de ses droits, et qui donnait en revanche, à ses citoyens, la liberté, des fêtes et des exploits ! Venise, gouvernée par un doge auquel on rendait des honneurs, mais qui n'était que l'organe du Conseil des Dix et des Trois, qui le brisaient dès qu'il pouvait être à craindre, et surtout s'il avait tenté d'abuser du pouvoir en le rendant héréditaire ; toi dont les flots baignent les pieds de tes superbes monuments aux formes variées et bizarres ; que des milliers de canaux séparent, et qu'un nombre bien plus considérable de ponts relient ensemble à chaque pas ; au centre de laquelle la mosquée chrétienne de Saint-Marc, en réunissant les magnificences mauresques à l'élégance des guipures gothiques, termine une place qui ne saurait trouver de rivale, et précède, de ce côté, les ciselures plus modernes du Palais Ducal et son portail richement décoré. La Zecca, le Môle et les colonnes byzantines, dont l'une supporte le lion ailé de saint Marc et l'autre l'effigie de saint Théodore, entre lesquelles la justice frappait les grands coupables de son glaive inexorable, tandis qu'auprès le canal de la Giudecca et la rive des Esclavons recevaient les vaisseaux des deux mondes en face du pont des Soupirs, dont l'entrée a été, depuis lors, supprimée, et non loin du canal Orfano qui n'engloutit plus de victimes.

Salut Venise !!!

Rien, je l'avoue, n'a produit sur moi une semblable impression, par la raison que rien ne saurait lui être comparé !

C'est à tort que l'on paraissait craindre que ces deux cent vingt arches, laissant entre elles neuf places réservées pour la rencontre des convois, et franchissant trois mille six cents mètres de lagunes, ne vinssent changer l'aspect de Venise en la reliant ainsi au continent; ce pont demeure inaperçu, il n'en résulte que plus de célérité dans le parcours et moins d'embarras pour l'arrivée. Aussitôt descendu du wagon, on se retrouve, comme par le passé, sur le canal de la Giudecca, n'ayant que des gondoles pour véhicules, des canaux en guise de rues, d'autres, plus étroits, remplaçant les ruelles, les carrefours.

Les gondoles se suivent, se rencontrent, se croisent, s'évitent avec une étonnante rapidité;

l'entrée des palais se trouve au bord de l'eau, un simple trottoir les en sépare du côté opposé par où se fait tout le service.

Enfin, sauf la pointe extrême où aboutit la voie ferrée, Venise est demeurée, comme par le passé, la reine des mers et la merveille de la terre.

Après avoir subi la formalité de la douane et celle des passeports, plus minutieuse sans doute, à cause d'une ancienne habitude, nous avons suivi la rive delle Zollere; ensuite, rentrant dans le canal Grande, nous sommes arrivés à l'hôtel de la Lune qui nous avait été recommandé avec raison. Sa proximité de la place Saint-Marc et des théâtres et sa bonne tenue justifiaient ce choix.

Malgré la nuit qui commençait, notre impatience ne nous permettait pas d'attendre. Il a fallu prendre aux lumières un avant-goût de la place, de ses portiques, de son église, et nous préparer ainsi à ce que nous devions mieux voir encore.

Je m'accuse d'avoir trouvé le jour bien lent à poindre le lendemain; mais comme vous auriez le droit plus motivé de me reprocher à votre tour de ne pas savoir abréger mes récits, j'ajournerai ce que je me promets tant de plaisir à vous montrer.

LETTRE XLVI.

Venise, le.....

Notre premier soin en nous levant a été de nous procurer un *domestico di piazza*, première nécessité quand on veut voir, ensuite une gondole, tout aussi indispensable à Venise. Notre matinée a été employée à voir l'ensemble de la ville, à la parcourir dans tous les sens en quittant un canal pour entrer dans un autre, laissant aux gondoliers le soin de nous conduire suivant leur caprice, ne voulant rien juger en détail, moins encore nous arrêter nulle part, ayant fait découvrir la gondole pour que rien ne fît obstacle à la vue, et, nonchalamment étendus, cédant à nos impressions sans prendre la peine de nous en faire part.

Il en était ainsi depuis plusieurs heures, que nous croyions à peine commencer. Enfin, plus par pitié pour nos gondoliers que par satiété de notre part, nous avons pris terre.

Venise est entièrement bâtie sur pilotis. Les vases de ses lagunes ainsi consolidées ont pu recevoir des cabanes d'abord, remplacées ensuite par de nombreux édifices, parmi lesquels les églises tiennent le plus de place et rivalisent entre elles pour l'étendue de leurs proportions et la richesse de leurs ornements.

Nous nous trouvions à l'île San-Giorgio, en face du Môle de la rive des Esclavons ; le canal Grande se développait à notre gauche : c'était un imposant spectacle. L'église de San-Giorgio-Maggiore nous montrait sa façade ornée de statues, son tombeau d'un ancien doge, de belles peintures, les stalles de son chœur et un crucifix donné par le grand-duc Côme pendant son exil. Son cloître, entouré de colonnes, donnait entrée à son couvent vaste et somptueux, où Pie VII fut élu pape et avait laissé son portrait en souvenir. De là, suivant le bord de la Giudecca, nous sommes venus à l'église du Rédempteur, édifiée en reconnaissance de la protection divine qui suspendit les effets de la peste et qui fait honneur à la piété de ceux qui l'avaient bâtie autant qu'au génie de Palladio qui en était l'auteur. Nous avons admiré dans la sacristie trois tableaux attribués au maître du Titien, parmi lesquels se trouve la Vierge à la Mandoline, assez singulier attribut. Nous sommes revenus dans le canal Grande, en passant devant le palais de la douane qui le sépare de la Giudecca et derrière lequel se trouve l'église de Santa-Maria-della-Salute, résultat d'un autre vœu, à la suite d'une autre peste, et qui l'emporte sur le Rédempteur par son genre d'architecture. Il faudrait long-temps pour compter les statues qui décorent sa rotonde à l'intérieur. Après avoir examiné en détail ses autels, ses tableaux attribués aux premiers maîtres de l'école vénitienne, ses sculptures et ses bronzes, on demeure convaincu, que si la clémence divine fut grande en présence de ce terrible fléau, la reconnaissance de Venise ne pouvait pas être mieux proclamée; seulement on désirerait plus d'ordre et de jugement dans l'emploi de ces ornements.

Nous avons ensuite suivi le canal Grande en admirant les palais qui bordent ses deux rives, entre autres la belle architecture de celui maintenant occupé par le collége arménien. Profitant du voisinage pour aller à l'église Saint-Eustache qui n'a été que l'objet d'un regret, nous nous sommes hâtés de regagner notre gondole pour continuer notre marche aquatique au milieu de palais enchantés ; on nous a montré celui où l'empereur Napoléon a assisté à des régates et qui conserve ce souvenir bien plus que le nom de ceux qui l'ont construit et auquel il appartient encore; presqu'en face celui occupé par lord Byron lors de son séjour à Venise. La gloire du poète en regard de celle du grand triomphateur !!! Plus loin les trois palais de la famille Giustiniani, ensuite celui Foscari, et nombre d'autres parmi lesquels le palais Balbi et le palais Grimiani réduit à servir d'asile à la direction des Postes, ne sont pas les moins remarquables.

Nous approchions du pont de Rialto, le seul qui réunisse les deux côtés du canal Grande, à l'aide d'une arche élégante et hardie dont le sol se subdivise selon la hiérarchie sociale; une partie plus élevée était réservée à la noblesse, celle du centre à la bourgeoisie, la troisième servait au peuple. Mais à Venise, comme partout, la bourgeoisie veut marcher au niveau de la classe supérieure, heureux encore quand elle s'en contente, et le passage du peuple a seul conservé sa spécialité. Cependant, là surtout, les priviléges étaient le prix de services rendus à la république et comportaient de lourdes charges.

Nous avons renvoyé notre gondole, traversé la Poissonnerie pour arriver au pont que nous avons passé aristocratiquement d'abord, entre ses rangs de boutiques, et plébéiennement ensuite en revenant sur nos pas; puis, franchissant les canaux sur des ponts étroits et élevés, précédés la plupart par des marches, nous avons traversé des quartiers populeux, ensuite des passages en labyrinthe donnant jour à de beaux magasins, et nous avons été charmés de nous retrouver à l'hôtel pour mettre en ordre les souvenirs nombreux que nous venions de récolter.

Le soir, nous nous embarquions encore pour nous rendre au théâtre della Fenice, consumé depuis peu, récemment reconstruit, riche, beau, vaste, rempli de spectateurs, et qui, après la Scala de Milan et Saint-Charles de Naples, occupe la première place. Nous y avons entendu bien chanter un opéra de Bellini et exécuter un fort joli ballet.

Nous avons trouvé fort amusant de voir sur le péristyle, en attendant notre gondole, chacun prendre à son tour sa place dans la sienne, comme au sortir des Italiens. C'était encore une nouveauté qui ne se trouve qu'à Venise.

Le lendemain nous sommes allés voir, à l'église de Santa-Maria-dei-Frari, le tombeau du Titien, qui se borne à une inscription. Canova lui avait érigé un monument digne de sa renommée; mais, à peine terminé au moment de la mort du sculpteur, il fut destiné à recevoir sa dépouille mortelle, déshéritant ainsi, sans le vouloir, le grand peintre, enfant de Venise, auquel il avait voulu rendre hommage.

On a craint, sans doute, de ne trouver aucun génie plus digne que le célèbre artiste de transmettre son souvenir à la postérité. J'aurais préféré, ce me semble, laisser le Titien illustré par Canova !

Son corps, au surplus, ne s'y trouve pas tout entier; sa main, détachée après sa mort, a été l'objet d'un culte particulier et renfermée dans une urne avec les outils dont il faisait plus fréquemment usage. D'autres mausolées, des statues, le bénitier surmonté par saint Jean-Baptiste, de nombreux tableaux, la balustrade en marbre qui sépare le chœur, et surtout les ciselures de ses stalles complètent les richesses de ce sanctuaire.

Nous étions trop près de l'église de Saint-Jean-et-Saint-Paul pour ajourner son examen. Les canaux que nous parcourions nous montraient de nouveaux palais, des ponts élevés et plusieurs édifices. La prévoyance et l'adresse de nos gondoliers suppléait à la crainte que nous éprouvions souvent de ne pouvoir passer outre dans les contours étroits où nous devions croiser d'autres gondoles : un léger cri les prévenait ; le moins avancé attendait l'autre. Ces gondoles, peintes en noir et de diverses dimensions, se faisaient distinguer par les livrées que portaient les gondoliers appartenant aux gens titrés, et par leur nombre les jours de gala ; mais la plupart préféraient garder l'incognito, si favorable aux mœurs et aux coutumes de Venise.

Après plusieurs contours, nous sommes descendus sur la place où se trouve la statue équestre du général Colleoni, coulée en bronze, et la façade fort ornée de l'église : on se croirait, en y entrant, dans le Campo-Santo des doges, tant leurs tombeaux y sont nombreux.

Celui du doge Valério semble le plus magnifique comme la chapelle de saint Dominique la plus élégante : la vie du saint y est retracée sur six bas-reliefs en bronze. La chapelle de Notre-Dame-du-Rosaire, avec son autel, ses statues et son pourtour en marbre blanc retraçant l'histoire de la Vierge, est fort vantée à juste titre, ainsi que de nombreux tableaux sur le sujet desquels vous m'avez autorisé à garder le silence.

Après avoir encore vu l'église des Scalzi, dont

l'extérieur m'a semblé lourd et l'intérieur richement décoré dans le genre des églises de Florence, nous avons abordé près du pont de Rialto et déjeuné dans un café signalé par notre cicerone, mais dont le seul mérite était la cherté. Ceux de la place Saint-Marc sont beaucoup mieux : il s'en trouve à chaque pas; c'est le centre de la vie commune pour les hommes de toutes les conditions. A Saint-Marc, la noblesse, les curieux, les oisifs et les hommes de loi; ailleurs, les marchands; plus loin, les gens du peuple.

Sur l'autre rive, se trouve la première église construite à Venise sous l'invocation de san Jacopo, dans le quartier populeux et marchand. On nous a mis à même de satisfaire un autre genre de curiosité en voyant travailler ces charmantes chaînes qui conservent leur nom originaire; puis, retrouvant notre gondole, nous avons suivi le canal Grande pour admirer d'autres palais dont la Ca-doro est le plus remarquable, tandis que le palais Grimiani nous semblait le plus intéressant, étant habité par S. A. R. Madame, qui en rendait le séjour charmant et y accueillait les Français avec toute la grâce des souvenirs.

Les palais Cantarini, Rizzanico, Gallergi, Manfrin, Trivisan, Dario, Giustiniani, Foscari et plusieurs autres, fixent aussi l'attention; il en est un, le palais Pesaro, qui tombe en ruine, le propriétaire se refusant à l'entretenir, et s'étant exilé en Angleterre, où il mange en célibataire son immense fortune, pour se soustraire à la domination étrangère, et ne pas transmettre l'opprobre qu'il subit en étant le témoin de la décadence de sa patrie.

La plupart de ces nobles demeures renferment de belles collections que les étrangers sont admis à visiter. A côté d'une charmante maison que l'on termine pour servir de retraite à la *diva Taglioni*, se trouve un autre palais dont un Anglais bizarre a fait un musée d'antiquité précieuses, mais à la condition expresse que personne ne serait admis à le visiter. S. A. R. Madame, croyant avoir droit à une exception, venait d'éprouver un refus.

Nous sommes allés ensuite à l'Académie, que Napoléon a installée dans un vaste couvent consacré aux beaux-arts, et où il avait réuni des chefs-d'œuvre, la plupart empruntés aux églises où ils se trouvaient bien moins en valeur; là, dans les salles dévolues à l'école vénitienne, on remarque, parmi beaucoup d'autres, le premier et le dernier tableau du Titien. C'est à l'Académie qu'est placée l'urne en porphyre dont je vous ai parlé, renfermant la main et les outils de Canova. Quelques bustes s'y trouvent aussi ; mais quant à des statues, il n'existe que les moules en plâtre des chefs-d'œuvre antiques ou modernes servant à l'usage des élèves ; une des salles renferme tout un meuble en bois sculpté, d'un travail admirable et tel qu'il s'en voyait tant à Venise avant que le goût du jour ne vînt les remettre à la mode. Le gouvernement a mis obstacle aux enlèvements journaliers auxquels ils donnaient lieu; mais il s'y est pris quand les étrangers avaient tout emporté et qu'il ne leur restait plus rien à faire!

Le soir nous assistions, au théâtre d'Apollon, à *una recita* — en pur vénitien, — d'une pièce de Goldoni à laquelle les acteurs semblaient donner beaucoup d'intérêt, mais qui nous paraissait impossible à comprendre. Le public, en revanche, applaudissait de très bon cœur à des lazzi que nos voisins avaient l'obligeance de nous traduire.

LETTRE XLVII.

Venise, le.....

Nous sommes sortis de bonne heure ce matin. Si vous saviez tout le temps que l'on gagne, en voyage, en ayant des compagnes toujours prêtes, sachant bien voir, et ne se lassant pas de regarder.

Combien on se sent disposé à être prévenant, combien on cherche à ménager leurs jouissances et à leur procurer de nouveaux plaisirs ; j'étais servi à souhait, je l'avoue, dans ce genre, et j'en profitais en homme qui n'avait pas été blasé ; c'est ce qui vous expliquera la quantité de choses que nous pouvions faire chaque jour.

Nous avons parcouru le canal Grande dans presque toute sa longueur, jouissance dont nous ne parvenions pas à nous lasser ; ensuite plusieurs canaux nous ont conduits à l'église et au vaste établissement des jésuites, situés au nord de Venise. Nous avons, en suivant le canal de Murano, visité dans l'isola Michele le cimetière public et le couvent des Camaldules, et plus loin, à Murano, les fabriques de glaces et de verreries qui, pour avoir été fort imitées, n'en ont pas moins conservé leur mérite. L'église de Saint-Pierre-et-Saint-Paul nous a semblé moins curieuse que celle de Saint-Donnat, bien plus ancienne. Au retour, nous nous sommes arrêtés devant l'église de Sainte-Marie-des-Arts, que l'on restaure ainsi qu'en 1300, époque de sa fondation, et dans laquelle on voit le tombeau du Tintoret; non loin est sa maison sur les murs de laquelle est incrusté un bas-relief en marbre. Là nous avons voulu prendre terre tout-à-fait pour suivre le dédale de trottoirs, de ponts et de ruelles à l'aide desquels on circule à pied dans Venise, et qui nous ont fait l'effet d'un véritable labyrinthe dans lequel notre guide lui-même, malgré son habitude, avait de la peine à se reconnaître.

Après un repos bien mérité, nous sommes repartis en gondole, et passant sous le pont des Soupirs nous nous sommes dirigés vers l'Arsenal. Quatre lions semblent en défendre l'entrée; malgré leur renommée je n'ai pu applaudir à leurs proportions. L'ensemble de la porte est grandiose; l'intérieur n'a pas répondu à ce que nous en attendions. Sauf la corderie nouvelle et fort prolongée, les cales couvertes, les ateliers de construction, la fonderie et même la salle des modèles sont bien loin de nos ports maritimes de Brest et de Toulon, et peu en rapport avec l'ancienne domination de Venise. Nous y avons vu le Bucentaure en miniature après l'avoir vu se démolissant, faute de devoir servir, sous la cale qui lui a été consacrée. Nous y avons examiné surtout avec intérêt le système de construction de la ville à l'aide des pilotis qui supportent les édifices.

Moins satisfaits que nous ne l'espérions, nous avons abordé à San-Pietro-di-Castello, primitive cathédrale, pour voir dans son enceinte antique la chaire en marbre dans laquelle saint Pierre répétait à Antioche les paroles de Dieu pour la conversion des Gentils, et qui, ainsi qu'un tableau en mosaïque d'un travail fini et de belles peintures, contribue à son ornement; et suivant le canal di Castello pour parcourir le jardin public et traverser ensuite le canal de Saint-Marc, si large en cet endroit, nous avons visité sans crainte ce canal Orfano dont on n'osait naguères s'approcher sans terreur.

J'ai à vous citer encore :

A Saint-Joseph, des tableaux renommés et le

mausolée du doge Grimiani orné de bronzes et de statues en marbre ;

A Saint-Martin, le tabernacle ;

A Saint-Jean, un tableau précieux sur un fond d'or ;

Le plafond de Sainte-Marie ;

Le tombeau de l'Arétin dans l'église Saint-Luc, ce qui sert de preuve qu'il est avec le ciel des accommodements ;

A Saint-Gervais-et-Saint-Protais, deux bas-reliefs en marbre attribués à Praxitèle ;

Le tombeau de Paul Véronèse dans l'église de Saint-Sébastien, qui contient d'autres mausolées, de beaux tableaux et de bonnes statues ;

Un beau maître-autel à Saint-Pantaléon ;

La façade des Tollentini, et, à l'intérieur, un baroque mausolée ;

Bien plus de choses à Saint-Jacques-del-Ario ;

Enfin, à Saint-Roch, le maître-autel ;

A Saint-Sauveur, de belles tombes ;

Et à Saint-Étienne, de beaux bronzes !...

Le soir nous retournions à la Fenice.

Nous devions y trouver un spectacle nouveau. Vous savez combien la licence fait la base des mœurs vénitiennes ; c'est toujours le mari qui est le moins assuré de faire valoir les droits qu'il pourrait avoir sur sa femme. Il se dédommage ailleurs, tandis que de nombreux sigisbés se disputent pour occuper sa place, suivant que la dame est plus ou moins jolie, — et à Venise elles le sont généralement beaucoup! Ce soir-là, un mari, — jaloux par exception, — s'avisa de se trouver offensé par les preuves d'intimité que sa femme coupable laissait prendre en public à l'amant préféré. Il quitte sa place, se rend dans la loge, et, pendant le spectacle, administre aux amants une correction qui pouvait satisfaire sa vengeance, mais qui devait produire un grand scandale. La salle entière fut en émoi, chacun prit parti contre le mari outragé : « Où en serait-on, disait-on, si un pareil exemple devait être suivi ? »

Nous apprîmes le lendemain que le vice-roi et même le patriarche s'étaient interposés pour faire comprendre au provocateur tous les torts qu'il avait, et ne se retirèrent qu'après l'avoir réconcilié, en faveur de l'usage, avec sa femme et même avec les sigisbés auxquels il laissa le champ libre, en leur promettant, devant témoins, de se montrer plus tolérant à l'avenir.

La chose paraissait naturelle à ceux qui nous

transmettaient ces détails ; seulement on n'a pas pu nous assurer que l'amant heureux jouirait long-temps de son triomphe, par suite des habitudes inconstantes de la dame.

LETTRE XLVIII.

Venise, le.....

Ne vous étonnez-vous pas de mon silence au sujet de Saint-Marc, suppléant Saint-Théodore en 828 après plus de deux siècles de domination, et des édifices qui l'entourent ? En tirez-vous la conclusion que nous nous privons de les voir par cela que je tarde à vous en parler ?

Détrompez-vous : il n'y a pas de jour où ils ne soient le but de plusieurs stations. Mais que me resterait-il à vous dire si j'avais commencé par Saint-Marc ?

A l'extrémité de la place, la basilique est précédée par trois mâts—*pili*—auxquels des bornes en bronze servent de piédestaux, et qui portaient à leur cime les étendards de Morée, de Chypre et de Candie, tributaires de Venise. Auprès se trouve le clocher dont la base fort ornée servait jadis de poste militaire, remplacé par la Bourse ; ensuite la façade, resplendissante de mosaïques à fond d'or et montrant des sujets en émaux variés ; sa principale entrée en demi-rotonde est ornée au fronton de ces fameux chevaux en bronze doré fondus à Corinthe, qui, transportés de Constantinople à la suite d'une conquête, sont venus, par une autre conquête, orner l'arc de triomphe de la place du Carrousel, et que des revers, — alors que l'univers s'était réuni pour nous vaincre, — ont rendus à leur précédente destination après avoir été mal imités. Deux autres entrées en dôme, à voussures, encadrées par de belles colonnes et aussi brillantes que l'entrée principale, sont couvertes de bas-reliefs et d'objets précieux par leur travail et par leur origine. Ses cinq coupoles en mosaïques dorées, ses colonnes et ses statues, forment un coup d'œil éblouissant.

Les trois nefs intérieures, séparées par des arcades de forme mauresque et revêtues de mosaïques d'un travail plus fini, le fond doré qui les encadre, les précieux marbres qui y sont employés, d'autres colonnes en nombre infini qui supportent les cinq coupoles recouvrant la croix grecque, toutes aussi en mosaïques, et dont celle du centre couronne le maître-autel, font un ensemble auquel je ne saurais reprocher que l'absence du jour suffisant pour les bien voir.

La partie du chœur est séparée des nefs par des colonnettes surmontées par des statues. Les quatre colonnes, riches par leur nature et par leurs ornements qui supportent le baldaquin, proviennent de Sainte-Sophie de Constantinople. Un autre autel se trouve au fond; des bas-reliefs précieux, ainsi que le tombeau de l'autel principal, le pourtour du chœur et les parties de la croisée, chaque chapelle, le bénitier, les mosaïques intérieures sont du dernier fini ; tout est curieux, tout est parfait, sauf le sol qui, s'affaissant en plusieurs endroits, produit des inégalités dans son pavé en mosaïque.

Une chapelle latérale du chœur est consacrée à une sainte Vierge en marbre noir, à laquelle on attribue de nombreux miracles.

Les deux chaires, les stalles et la tribune méritent une mention spéciale. On affirme que les reliques conservées dans la bibliothèque, prises jadis à Constantinople et se composant des trophées de la passion de Notre-Seigneur, sont les plus authentiques du monde chrétien.

L'entrée par la croisée de gauche est bien ; mais celle qui donne sur la Piazzetta est plus belle.

Là se trouve le passage del Palazzo Ducale, vaste bâtiment de style mauresque, ainsi que je crois vous l'avoir dit, qui forme jusqu'au Môle un des côtés de cette Piazzetta.

Cette entrée est grandiose et d'une riche architecture ; après une voûte du même style, on est en face de l'escalier des Géants ; au-dessus de cette voûte se trouvent l'horloge et de beaux marbres formant un des petits côtés de la cour intérieure.

Cette cour, vaste et fermée par trois autres façades d'une belle architecture, présente une double galerie soutenue par des doubles colonnes et montrant deux rangées de fenêtres ogivales entourées de frises à épis.

Ce palais date du xive siècle. Son architecte fut Pierre Ballegio ; son fondateur le doge Faliero, destiné à servir d'exemple à ceux qui l'occuperaient après lui !

L'escalier des Géants est attribué à Sansovino. Sa principale entrée est au bord du canal ; deux puits fort ornés fournissent de l'eau à toute cette partie de Venise. Avant de monter l'escalier des Géants, qui a acquis une double célébrité par l'exécution du doge Marino Faliero, traître à la patrie par suite de sa susceptibilité conjugale, on vous montre des ciselures qui ont sans doute servi de modèles à de nombreuses imitations.

Dans le premier corridor se trouve la Scala Doro, qui conduit aux diverses salles des deux étages supérieurs et dont les peintures ainsi que les dorures qui l'avaient fait ainsi nommer sont presqu'entièrement usées; une pierre dite *d'infamie* servait à inscrire les noms de ceux déclarés traîtres à la patrie : il ne s'en est trouvé que six.

Parmi les salles que l'on admire, celle des Quatre-Portes et celle du Collége sont les plus riches, celle du Grand-Conseil la plus curieuse. Là se trouvaient les portraits de tous les doges, sauf celui de Marino Faliero remplacé par un voile noir sur lequel on a écrit : « *Marino Faliero décapité pour ses crimes,* » une immense mappemonde et les groupes de Jupiter et Ganimède et Jupiter et Leda, attribués à Phidias.

Nous avons pénétré dans la salle du Conseil des Dix, auprès de laquelle se trouve incrustée dans le mur *la Bocca del Leone*, qui, après avoir reçu de si funestes délations, est depuis long-temps sans emploi; une loterie de charité remplissait une salle voisine.

Celle du Conseil des Trois n'a que l'intérêt des souvenirs. Le passage du pont des Soupirs, qui s'ouvrait auprès pour recevoir autant de victimes qu'il se trouvait de soupçonnés, est muré de ce côté. L'exagération des supplices a été trop souvent racontée pour que j'aie à vous en entretenir de nouveau; mais il y avait un raffinement de cruauté à tenir sous l'eau pendant l'hiver, et sous les plombs à l'ardeur du soleil pendant l'été, les malheureux qui n'avaient d'autres chances d'en sortir que pour être engloutis dans les eaux corrompues à force de cadavres du canal Orfano.

Plusieurs autres salles que nous avons visitées à l'un et à l'autre étage, se faisaient également remarquer par leur malpropreté; une d'elles renferme le bonnet ducal, *corno ducale*, à cause de sa forme singulière, hommage des religieuses de Saint-Zacharie au pape Benoist III en reconnaissance de ses munificences. Il fut trouvé si magnifique, que ce pontife, ne pouvant le substituer à la tiare, le destina au couronnement des doges.

Le jour de Saint-Zacharie, le doge en fonction devait s'en coiffer et assister aux offices célébrés en l'honneur du patron.

Le doge Gradenigo ayant été assassiné en 862 en accomplissant ce devoir, le cortége, depuis lors, s'y rendait en gondoles.

Nous sommes sortis du palais après avoir dominé le Môle de la fenêtre qui surmonte la grande porte de ce côté, et nous sommes revenus sous le pont des Soupirs, réunissant, à la hauteur du premier étage, le Palais Ducal à la prison, couvert et fermé pour intercepter la vue, et qui semblerait élégant si l'on pouvait oublier son objet. Ces prisons servent encore ; d'énormes barreaux disputent le passage à l'air et au soleil. Les plombs et les souterrains étant libres on peut obtenir de les visiter.

A quoi bon s'attrister des misères passées ?

La Zecca, ou hôtel de la Monnaie, forme le pendant du Palais Ducal sur toute l'étendue de la Piazetta ; son style byzantin est semblable. De l'autre côté de la place Saint-Marc est la tour de l'Horloge, belle construction sous le portique de laquelle on passe pour se rendre dans le quartier marchand. *Le Procurature Vecchie* se prolongent ensuite sur la même place dont les trois côtés sont du même ordre d'architecture.

Le pourtour des galeries, en outre des cafés parmi lesquels celui de Florian tient la première place, est rempli de boutiques d'orfévreries, de mosaïques, de gravures et surtout de ces parures en émaux de Venise, si brillants, si légers, et qui ne s'imitent nulle part. C'est le rendez-vous des beautés vénitiennes quand elles daignent quitter leurs gondoles pour se montrer au public. On y voit aussi de nombreux pigeons protégés et nourris par la ville et en revanche fort familiers. Nous y avons fait plusieurs emplettes à bon marché; mais nous comptions sur les antiquaires pour satisfaire nos fantaisies. Un sieur *Bon*, Français d'origine et méritant d'être Gascon, nous a montré beaucoup d'objets peu curieux et d'un prix ridicule. En revanche, il signor Sanquirico, antiquaire plus renommé, nous a donné, dans de vastes magasins, l'idée du plus étonnant désordre; vestibule, escalier, salles et cabinets recélaient des objets curieux, nombreux, crasseux et parfaitement discordants. Les bijoux se confondaient avec les statues, les armures, les étoffes les plus grossières, les reliquaires du plus grand prix; il n'y avait d'uniforme que l'épaisse poussière qui recouvrait le tout, et au milieu de laquelle le marchand semblait se complaire. Nous n'avons pas eu trop à nous plaindre de ses prix vu qu'il acceptait toujours la moitié des sommes qu'il avait demandées; mais nous n'avons pu y trouver de beaux lustres ni d'anciens verres tels que nous désirions en faire emplette; tout avait été emporté avant nous, et quant aux nouveautés elles n'avaient aucun mérite.

LETTRE XLIX.

Venise, le......

Tout est fermé le dimanche à Venise, excepté les églises, les cafés et le jardin public.

Nous sommes allés à Saint-Marc voir fonctionner le patriarche dans toute sa pompe, et l'église éclairée par des milliers de bougies. C'était ainsi la juger dans tout son éclat; l'effet en était merveilleux, aussi y sommes-nous demeurés fort longtemps. C'étaient des derniers adieux qui devaient nous laisser de bien longs souvenirs. Nous nous sommes fait conduire devant le palais de Bianca Capello, cause innocente du supplice du doge Faliero. Nous avons parcouru le canal Grande, tandis qu'une de nos connaissances nous racontait le dévouement sublime d'un noble vénitien condamné à son tour comme traître, plutôt que de compromettre la dame de ses pensées, qui, prévenue trop tard, venait se dénoncer elle-même quand il n'était, hélas! plus temps de sauver aux dépens de son honneur la vie de cet amant, capable d'un si grand sacrifice et digne d'un pareil dévouement. Nous revînmes assister à une revue passée par l'archiduc Reynier, gouverneur de Venise, et admirer les jolis costumes si bien portés par les belles filles de l'endroit. Le soir, nous nous rendions au spectacle des *Burattini*, marionnettes parlantes et d'une grande perfection, et le lendemain, malgré nos regrets, nous traversions de nouveau les lagunes pour reprendre la voie ferrée jusqu'à Padoue.

Je ne voudrais probablement pas passer ma vie à Venise : une année m'y semblerait peut-être longue en ma qualité de touriste; mais je croirais y séjourner trois mois avec délices et sans craindre un moment d'ennui.

Les archives, les bibliothèques, chaque palais donneraient lieu à des recherches historiques, à des anecdotes curieuses, à décrire de belles collections.

La société dans laquelle on aurait le temps de se faire admettre initierait à des tableaux de mœurs particulières à la cité et favorables aux étrangers, et le mystère des gondoles prêterait aux épisodes de la vie intime tout le charme de la singularité.

Ce nouveau trajet de Saint-Julien jusqu'à Padoue a confirmé mes précédentes observations sur la lenteur des locomotives et sur le besoin de perfectionnement de ce mode de transport récemment mis en usage et destiné à servir d'essai. Huit jours de plus et nous eussions assisté à l'inauguration de la portion qui joint Venise. C'était encore le sujet d'un regret !

Vicence. Nous nous sommes bornés à traverser Padoue sans avoir rien à vous dire jusqu'à Vicence, où s'arrête le chemin de fer qui doit relier plus tard Milan avec Venise. En traversant sur plusieurs ponts les deux rivières qui séparent la ville, nous avons vu le Théâtre Olympique, où l'on a cherché à imiter l'antique avec assez de succès; la Basilique qui tient, sans contredit, le premier rang parmi tous ses palais, dont plusieurs peuvent être cités. On nous a montré encore le maître-autel et les tableaux de la Cathédrale, la vieille église de

San-Lorenzo, la tour gigantesque de l'horloge, la belle place delle Beade et le moderne cimetière qui paraît devoir figurer parmi les monuments.

Nous sommes allés au Champ-de-Mars; nous avons suivi les portiques qui nous ont conduits à la Madona del Monte-Berico, jouir de la vue que l'on y découvre et admirer un autel et un tableau ; et, après avoir vu l'arc de triomphe érigé par Palladio en l'honneur de sa patrie, gravi les marches nombreuses qui mènent sur la montagne de Saint-Sébastien, parcouru de l'œil ses villas nombreuses, parmi lesquelles se trouve la Rotonde, nous n'avions pas à nous occuper de sa primitive fondation, puisqu'à la suite d'un incendie, la ville avait dû être totalement reconstruite.

Le souvenir de Canova suffirait pour tirer de l'oubli le modeste village de Pessogna, sa patrie; mais un beau temple, dédié à sa mémoire, attire les voyageurs sur une colline placée auprès : son cœur seul restera dans l'église dei Frari, sa main à l'Académie. Le surplus de sa dépouille mortelle est destiné au lieu de sa naissance.

Pessogna.

Partout sur cette route on trouve des souvenirs de nos gloires françaises. Ici, Montebello, qui transmet son nom et un titre à l'un de nos vaillants guerriers; plus loin, Arcole, où notre grand génie donna la preuve de son héroïque bravoure. Ranco et Rivoli, où Masséna acquit des droits à la renommée de grand capitaine.

Arcole.

La gloire d'Arcole était consacrée par un obélisque portant une inscription : l'obélisque seul est resté. Plus tard, peut-être, replacera-t-on l'inscription, en substituant le nom des vaincus à celui du héros des temps modernes. Comme si les gouvernements pouvaient déchirer les belles pages que l'histoire a consacrées à nos triomphes, et comme si nous cherchions à faire disparaître celles qui plus tard ont constaté nos revers !

Singulière faiblesse de notre époque! La mutilation de l'arc de triomphe du Simplon à Milan, n'a d'autre objet que de prêter au ridicule. La date de sa création ne sera-t-elle pas toujours significative? Ne valait-il pas mieux, dès lors, y laisser subsister la tête de Napoléon et celle de Marie-Louise, que de les remplacer par celles de l'empereur François et de sa femme ?

A qui croit-on en imposer?

Rivoli, Arcole, Montebello et tant d'autres lieux, resteraient ignorés s'ils n'avaient été de nos jours le théâtre de quelque brillant fait d'armes. Laissons-leur ce cachet, et ne violons pas la foi des souvenirs.

Vérone est en partie défendue et en partie tra-versée par l'Adige; le surplus de son enceinte est savamment fortifié à l'aide de trois châteaux avec leurs bastions et leurs casemates. Nous avons remarqué ses murs à tourelles, ses ponts à créneaux et la beauté de ses édifices. Son antiquité serait constatée par un superbe amphithéâtre, dit l'Arena, d'où l'on devrait exclure la populace qui s'y est construit des demeures, ainsi qu'à Nîmes, ainsi qu'à Arles où on en fait bonne justice. Ce beau vestige, mieux conservé que le Colysée, se montre à découvert à l'extrémité de la place Bra.

<small>Vérone.</small>

Vérone est la patrie des Capulets et des Montaigus, dont les discordes ont donné lieu à la fin tragique de Roméo et de Juliette, et fourni le sujet d'un charmant opéra.

On nous a menés à San-Zeno, dont Pepin fut le fondateur; ses portes de bronze semblent gardées par les statues d'Olivier et de Roland, surmontées par d'autres statues de trois reines du temps de Charlemagne; cette église renferme des arabesques fort curieuses et des tombeaux de diverses époques.

Plus loin, la Cathédrale et ses ogives. Saint-Anastase avec sa nef aux rosaces plus élevées. Le tombeau du général Frégosse et Sainte-Hélène d'un autre style.

Si les églises de Saint-Sébastien et de Sainte-Marie étaient complètes, elles prendraient probablement rang avant celles-ci.

Les statues équestres surmontant les tombes en pyramides des anciens potentats de Vérone, présentent un singulier assemblage ; il est à espérer qu'ils y reposent en paix, bien qu'ils eussent à se disputer l'espace assigné à chacun d'eux. Nous avons encore vu l'antique tombe de la famille Gravius dont les débris couvrent le sol; quant aux palais, celui de la Grand'Guardia, sur un des côtés de la place Bra, est le plus considérable; celui Canasse, le mieux placé pour faire apprécier le cours de l'Adige, et nombre d'autres qui semblent se disputer le droit d'être cités. Le Grand-Théâtre passe pour le chef-d'œuvre de Palladio. Je ne saurais en juger.

On nous a montré encore, une colonne qui a le privilége de soustraire les débiteurs, aussitôt qu'ils sont parvenus à la toucher, aux poursuites de leurs créanciers ! Il est beaucoup de mes amis qui voudraient bien en faire usage.

C'est à Vérone que Monsieur, comte de Provence et ensuite Louis XVIII, fixa son séjour lors de sa première émigration. C'est à Vérone encore que le Congrès de 1822 a décidé les destinées de l'Espagne en se prononçant contre les Cortès. Catulle, Cornelius-Nepos, Pline l'ancien, Vitruve, etc., furent les enfants de l'antique cité. Maffeï, Paul Véronèse et plusieurs autres rappellent des gloires bien plus récentes.

On montre à Gargagnano, la jolie villa habitée par le Dante pendant le temps de son exil, et où il composa la *Divina Comedia*, le plus célèbre de ses chefs-d'œuvre.

Gargagnano.

Peschiera se trouve au bord du lac de Garda et reçoit le Mincio à sa sortie. La route côtoye ses bords pendant assez long-temps et de Serenzano on peut le voir dans toute son étendue. Ensuite Brescia où Bayard sut se montrer aussi pudique que Joseph et trouva le moyen d'être en outre plus généreux. Je vous laisse sur ce beau trait, vanté avec raison, mais de manière à faire craindre qu'il dut trouver fort peu d'imitateurs.

Peschiera.

Brescia.

LETTRE L.

En route, le....

A en croire les gens de ces localités, depuis Padoue toutes les villes que nous avons traversées dateraient presque du déluge. Au moins est-il que leur fondation remonte aux époques les plus reculées : leurs archives en font foi ! Les Goths, les Visigoths, les Ostrogoths, et bien d'autres Barbares plus primitifs y établirent leurs conquêtes et ravagèrent successivement ces contrées dont les antiquités y sont enfouies ; leurs vestiges proviennent de récentes découvertes. Depuis, et à plusieurs reprises, Brescia fut soumise à de nouvelles vicissitudes.

C'est ainsi qu'on nous a montré l'ancien temple de Vespasien, récemment sorti de terre, et dont on a fait un Musée pour les débris trouvés auprès. Le plus conservé parmi ceux-ci est une statue en bronze fort admirée ; les ruines d'un ancien théâtre servent aussi de souvenirs. On venait de reconstruire la Loggia, consumée dans un incendie ; les deux dômes semblent vouloir rivaliser, et, au nombre des autres églises, celle dite des Miracles doit obtenir la préférence. Il s'y trouve plusieurs palais, et dans ceux-ci, dit-on, de riches collections. Nous avons préféré visiter la Bibliothèque, ses manuscrits, ainsi qu'une croix précieuse que l'on nous a dit provenir d'une noble origine, et nous avons terminé notre tournée en parcourant le Campo-Santo, qui passe à Brescia pour une merveille, mais que je place bien loin de celui de Bologne.

Le pays entre Brescia et Bergame est riche et bien cultivé; ses vins sont renommés à juste titre. Le petit lac d'Isco reçoit, et rend à sa sortie la rivière d'Oglio, dont les eaux bien dirigées arrosent le territoire.

Bergame se divise en deux parties. La plus belle est en bas, la plus curieuse est celle qui couvre la montagne. Sa célébrité moderne est due à ses Arlequins, qui, pendant si long-temps, ont fait les délices de la scène et dont le type a disparu. Son origine se perd dans la nuit des temps. Le premier monument moderne que j'ai rencontré dans le faubourg, est la Loggia, immense caravansérail au centre duquel une belle fontaine répand ses eaux en abondance. Il faut gravir long-temps et à grand' peine pour voir l'ancienne église de Sainte-

Bergame.

Marie-Majeure, les lions qui supportent les colonnes de son péristyle et les tableaux qui s'y trouvent placés, le mausolée du général Colleoni, le premier qui sut faire usage de l'artillerie de campagne, les dorures de Santa-Grata et les détails de sa Bibliothèque.

Bergame s'honore d'être la patrie du Tasse, auquel elle a érigé une statue au centre d'une de ses places principales. Elle réclame aussi le privilége de compter plusieurs autres célébrités au nombre de ses enfants.

Ses murs crénelés concourent à sa défense que sa position rend formidable; cette même position montre au loin le beau pays qu'elle domine. On traverse ensuite l'Adda sur un pont qui sert de limite aux deux provinces, pour parcourir les vastes plaines du Milanais, traverser plusieurs villages et suivre les bords d'un canal en admirant de belles et nombreuses maisons de plaisance.

Lecco.
Lac de Côme.

C'est là qu'on quitte la route de Milan pour se rendre à Lecco, — où se trouve une des extrémités du lac de Côme, — s'embarquer pour suivre ses bords jusqu'à Billaggio, où ce lac se bifurque soit pour porter ses eaux réunies jusqu'en Suisse, soit pour conduire les voyageurs à Côme qui le termine de ce côté, en côtoyant ses rives dominées par de hautes montagnes alimentées par de nombreux cours d'eau, montrant des palais en guise de cottages qui lui rendent en perspective le charme qu'il leur prête à son tour. Le retour est plus pittoresque. L'art inspiré par la nature y a développé toute sa magnificence. Il en est ainsi après avoir pris terre. Le faubourg qui conduit à Côme est une succession de villas charmantes parmi lesquelles on ne saurait choisir; mais on se hâte pour voir la curieuse église qui a duré quatre siècles à construire, son théâtre, tout récent, recouvrant d'antiques ruines, et revenir à Monza chercher dans le trésor de sa Cathédrale, parmi divers objets curieux, la couronne de fer donnée par Béranger et déposée dans cette église, jadis antique, mais qu'il a fallu renouveler.

Vous trouveriez avec raison que, par le temps où nous vivons, le poids d'une couronne est bien assez lourd à porter sans y joindre encore la rudesse de la matière, si je ne m'empressais de vous dire que cette couronne n'en est pas moins fort riche. Son nom lui vient de ce que le cercle intérieur est fait d'un des clous de la vraie croix et forme ainsi une relique.

C'est celle qui sert au couronnement des empereurs d'Allemagne lors de leur sacre; ce fut celle qui ceignit la tête de l'empereur Napoléon lorsqu'il se proclama roi d'Italie.

La voie rapide du chemin de fer abrége la distance à parcourir pour se rendre à Milan, à moins de suivre l'ancienne route qui, après Bergame, traverse l'Adda sur un beau pont, montre les vastes plaines du Milanais en suivant les bords d'un long canal servant au commerce des populations qui s'y sont établies et au nombre desquelles je réclame une mention particulière en faveur de Gorgonzola, où se fabrique le fromage de Straccbino, justement renommé, qui doit son origine au mouvement des montures qui, transportant le lait de loin, le fatiguent pendant le trajet et, le transformant ainsi en fromage, lui donnent son nom et sa célébrité.

Nous ne trouverons plus jusqu'à Milan que des jardins et une route bien plantée qui précède la capitale de la riche Lombardie.

Dans une précédente bluette, je vous ai décrit Milan et ses beautés; je vous ai parlé du trajet jusqu'à Nice; il ne me reste plus rien à vous en dire, si ce n'est que parcourant de nouveau la même route et revoyant les mêmes objets, nous leur avons trouvé encore plus de charmes.

LETTRE LI.

En route, le.....

Je préfère vous conduire au lac Majeur, après vous avoir laissé reposer à Milan. Autrement on y va de Côme par Lugano et par son lac; mais ce serait entrer en Suisse et franchir les limites que je me suis prescrites. *Le lac Majeur.*

Vous rejoindrez à Varese la route qui conduit de Côme à Baveno situé au centre du lac Majeur. Varese n'a conservé de son antique renommée que des reliques, des fabriques et de nombreuses villeggiatures. Hâtons-nous d'arriver à Baveno pour parcourir le lac en partie, et au moins ses îles tant vantées, qui surpassent leur renommée. Elles se trouvent dans sa plus grande largeur. Contemplons à l'isola Madre ses ombrages, ses treilles en portiques, ses terrasses en amphithéâtre et la fertilité de ses jardins. Passons auprès de l'isola Superiora, ainsi que nous l'avons fait pour l'Isolino, pour parvenir plus tôt à l'isola Bella, création gi- *Varese.* *Baveno.* *Isola Madre.* *Isola Bella.*

gantesque où l'art a forcé la nature pour métamorphoser des rochers ingrats en luxuriante végétation, y trancher des pilastres, les cintrer en arcades, les couronner de pampres et les surmonter d'un palais dont la base en rocailles forme des grottes recélant des fontaines, des statues, des mosaïques rares, et donnant passage aux étages supérieurs qui contiennent des richesses d'un autre genre.

La partie opposée serait plus belle si la chose semblait possible.

L'admiration de la belle nature, l'idée de la puissance humaine qui a su la soumettre à ses lois s'épuisent malgré soi ; il faut garder ses souvenirs pour croire plus tard à la réalité.

Me voici au terme de ce long voyage, dont j'ai cherché à abréger le récit pour ne pas abuser de votre indulgence.

Il a toujours été palpitant d'intérêt ! Rien ne ressemble moins à Rome que Florence ; Naples présente d'autres jouissances ; Venise ne saurait trouver de rivale.

Nous avons pu tout voir sans nous lasser de regarder. S'il nous restait un regret, c'était, à cause de la saison trop avancée, de n'avoir pu nous arrêter à Parme, à Plaisance, à Mantoue, à

Modène, y retrouver l'impératrice Marie-Louise, trop tôt consolée de la perte du héros de notre siècle et du fils qui pouvait être l'enfant de l'avenir, et surtout de ne pas rendre hommage à cette gracieuse et touchante fille de France frappée par l'exil alors qu'elle devait espérer les plus hautes destinées.

Mais si votre indulgence est toujours aussi grande, si vous daignez encore m'encourager dans mes simples récits, qui n'ont d'autre but que le désir de vous complaire, au lieu de vous offrir un *adieu*, je serai heureux de me borner à vous dire — *à bientôt!...*

FIN.

www.ingramcontent.com/pod-product-compliance
Lightning Source LLC
Chambersburg PA
CBHW070946180426
43194CB00041B/1144